★中华优秀传统价值观故事丛书★

勤奋好学的故事

李媛媛 编著

吉林人民出版社

图书在版编目(CIP)数据

勤奋好学的故事 / 李媛媛编著. —— 长春 : 吉林人
民出版社, 2012.5
(中华优秀传统价值观故事丛书)
ISBN 978-7-206-08859-9

Ⅰ. ①勤… Ⅱ. ①李… Ⅲ. ①品德教育—中国—青年
读物②品德教育—中国—少年读物 Ⅳ. ①D432.62

中国版本图书馆CIP数据核字(2012)第075427号

勤奋好学的故事

QINFENHAOXUE DE GUSHI

编　　著：李媛媛
责任编辑：孟广霞　　　　　　封面设计：七　洱
吉林人民出版社出版 发行（长春市人民大街7548号 邮政编码：130022）
印　　刷：永清县晔盛亚胶印有限公司
开　　本：670mm×950mm　　1/16
印　　张：12　　　　　字　　数：90千字
标准书号：ISBN 978-7-206-08859-9
版　　次：2012年5月第1版　印　　次：2023年6月第3次印刷
定　　价：38.00元

目录 CONTENTS

目录 CONTENTS

1. 造父学御

造父，嬴姓。其祖先伯益为颛顼裔孙，被舜赐姓嬴，造父为伯益的九世孙。是西周善御者。

造父拜泰豆氏为师，跟随泰豆学习驾车，从一开始就谨守礼节，十分谦卑，可泰豆三年没传授给他一点技术。造父毫不气馁，仍然更加恭敬小心地服侍师傅。泰豆终于过意不去，于是告诉他说："古诗有言：'擅长制造良弓的人，必须先做簸箕；擅长冶炼的人，必须先做皮革。'三年了，你可以跟我学技术了。先注意观看我快走的姿势。什么时候姿势像我一样了，就可以驾驭好有六匹马的马车了。"造父恭敬答应。

泰豆便竖起一根根木桩子，大小仅够脚踩住，按照脚步的间隔安放在路上，踩在上面行走。一直练到快步来回跑，也不会失足跌倒。造父只用三天，就全部掌握了这门技巧。

泰豆惊叹于造父的聪明，感叹说："你多么机敏啊！掌握得这样快，驾车这件事，也是这样的。比如

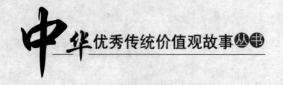

你走路，得之于脚，应之于心，推广到驾车，步法协调由辔衔约束，速度快慢用嘞口调度，御车的度数，掌握在心中，控制在手上。内得于心，而外得于马的脾性，因之能做到进退合乎绳墨，旋转拐弯合乎规矩，跑到远方而还有余力。真正掌握驾车的技术，应当是：马嘞控制是顺应着缰绳，缰绳掌握得好，是顺应手的操纵，手的熟练动作，是服从于心的指挥。那就可以不用眼看，不用马鞭驱赶；理得心安，体态端正，缰绳不乱，马蹄跨出去不会有差错；旋转进退，没有不合乎节度的。这样，车道的大小能容纳车轮就足够了，道路宽窄能容纳马蹄也就可以了，不会觉得山谷的危险，原野的平坦，把他们看成一个样。我要传授给你的，就是这些，你记住它吧！"

造父按照泰豆讲的办法刻苦练习，很快就学会了驾御技术。

◆这个故事强调了苦练基本功的重要性。要学会一门高超的技术，就必须掌握过硬的基本功，然后才能得心应手，运用自如。做任何事情都应当这样。

2. 弈秋学弈

弈秋是第一个史上有记载的的围棋专业棋手，也是史上第一个有记载的从事教育的围棋名人。

在我国很久很久以前的古代，有一种围棋，叫"弈"。弈的技法照比现在的围棋要简单得多。传说有个叫弈秋的人，是当时全国的一流棋手，棋艺很高，因此，有很多人慕名而来，到他门下学弈。

在弈秋的学生中，有这样两个人：一个人在学习时，专心致志，精力十分集中，把弈秋讲的棋法全部记下，不懂的地方就及时提出问题，请老师反复讲解，不厌其详，结果，进步很快，时间不长就精通了棋艺。而另外一个虽然每天也来听弈秋讲课，可是每当上课时，心里想的却是天鹅快飞过来了，眼睛还不时向窗外张望，准备随时拿起弹弓去射它，心思总是不能完全用在学棋上。虽然两个人一起听弈秋讲课，智力都不差，但结果大相径庭，后一个人的棋艺远远不如前一个。

◆学习要专心致志，不可三心二意。

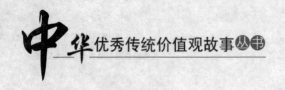

3. 纪昌学射

纪昌，古代传说中的善射人物。

纪昌生活在骑马、射箭盛行一时的中国古代。所谓盛行，就是说，不管是否上前线打仗，所有的男子，都要学会射箭的本领。

甘蝇是古代一个善于射箭的人，拉开弓，兽就倒下，鸟就落下，百发百中。他的一个弟子名叫飞卫，向甘蝇学习射箭，但他射箭的本领却超过了甘蝇。

纪昌是一个做事认真，上进心很强的少年。他一心想成为一名神箭手。终于有一天，他来到了射箭大师飞卫的门下，说明了自己的来意和决心。飞卫见他诚心求教，便收下了他。

纪昌求学心切，没过几天，他就恳求飞卫说："老师，您赶快把您拿手的绝招教给我吧！"飞卫说："你先学会看东西不眨眼睛，然后我们再谈射箭。"

为了先练好眼力，纪昌回到家里之后，便整天趴在妻子的织布机旁，专心致志地看着织布的梭子，梭子一来一往，他眼睛一眨不眨地看着。有时看得双眼流泪，还照样坚持。两年之后，当他注视一物的时候，既使有锥子刺到眼眶上，他都不会眨一眨眼了。

就这样苦练了两年，他觉得看物不眨眼的功夫已经学到手了，于是赶忙去找老师，要求快点教他射箭。

飞卫说："这还不够啊，还要学会视物才行。要练到看小物体像看大东西一样清晰，看细微的东西像显著的物体一样容易，然后再来告诉我。"

纪昌虽然心里有些不耐烦，可是老师的话又不能不听。于是他抓了一只虱子，又用一根牛尾巴上的毛把虱子缚住，吊在阳光充足的窗口，自己站得远远的双眼注视着虱子，练习瞄准。十天之后，看虱子渐渐大了；三年之后，虱子在他眼里有车轮那么大。转过头来看其他东西，都像山丘一样大。就这样又练了整整三年之后，他不仅能分辨出虱子的头、尾，还能看清其他任何细小的东西。"

纪昌又去见老师，老师叫他用特别的小弓箭去射那挂着的虱子。

纪昌沉着冷静，张弓搭箭一射，不偏不倚，箭头直穿虱子正中，而悬虱之绳还没有断。

这时老师笑了："现在，你的眼力练到家了，你的功夫也学到了，可以去射箭了。"

从此，纪昌认真学习其他射箭技术，终于成了一名举世皆知的神射手。

◆做学问，练本领，不能急于求成。在良师的引

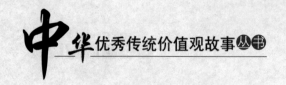

导下，自己也要刻苦学习，有恒心，有毅力，最终一定会实现自己的梦想。

4. 师旷论学

师旷，字子野，春秋晋国杨邑（今山西洪洞师村）人，著名乐师。他生而无目，故自称盲臣、瞑臣。为晋大夫，博学多才，尤精音乐，善弹琴，辨音力极强。以"师旷之聪"闻名于后世。

春秋时，晋国有个双目失明的乐师叫师旷，知识很渊博，尤其在音乐方面造诣很深，在当时很有名气。

有一天，已经七十多岁的晋平公问师旷："我七十岁了，很想学习，恐怕已经太晚了吧？"师旷却反问道："既然晚了，为什么不点起蜡烛呢？"

晋平公听了师旷的反问，没有弄懂他的用意，认为他所答非所问，非常气愤，脸一沉，对师旷说："我和你讲的是正经事，你却跟我开起玩笑来了，哪有做臣子的跟君王开玩笑的道理？"师旷一看晋平公没有听懂他的用意，就耐心地向他阐述了一个学习的道理。师旷说："我这个瞎了眼的臣子，怎么敢跟君王开玩笑呢？我过去听人们说过：'少年的时候热爱学习，就好像早晨东升的旭日，光芒万丈，充满朝气；壮年时代热爱学习，就好像烈日当空，光焰夺目；到了晚年才下决心学习，就好像晚上点起了蜡烛。'蜡烛的光亮虽然远远比不上早晨的朝阳那样勃勃有生气，也比不上中午的太阳那样炎炎赤热，但有了这点光亮，岂不是比在黑暗中摸索强得多吗？"

晋平公听了以后，点头称赞道："你说得真好！"

◆如果想立志学习就应该从当下开始，这样才能成就一番事业。有志不在年高，活到老学到老。年纪性别和成功无关，只要有目标、有恒心、有决心，一定能成功。

5. 师文学琴

师文，我国春秋时期郑国的一位杰出音乐大师，曾从师于鲁国乐官师襄。成语"得心应手"便是由他弹琴的故事而来。

古时候有个善于弹琴的乐师名叫师襄，据说在他

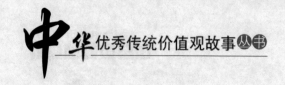

弹琴的时候，鸟儿能踏着节拍飞舞，鱼儿也会随着韵律跳跃。郑国的师文听说了这件事后，十分向往，于是离家出走，来到鲁国拜师襄为师。师襄手把手地教他调弦定音，可是他的手指十分僵硬，学了3年，竟弹不成一个乐章。师襄无法可想，只好说："你太缺乏悟性，恐怕很难学会弹琴，你可以回家了。"

师文放下琴后，叹了口气，说："我并不是不能调好弦、定准音，也不是不会弹奏完整的乐章。然而我所关注的并非只是调弦，我所向往的也不仅仅是音调节律。我的真正追求是想用琴声来宣泄我内心复杂而难以表达的情感啊，在我尚不能准确地把握情感，并且用琴声与之相呼应的时候，我暂时还不敢放手去拨弄琴弦。因此，请老师再给我一些时日，看是否能有长进！"

果然，在过了一段时间以后，师文又去拜见他的老师师襄。师襄问："你的琴现在弹得怎样啦？"

师文胸有成竹地说："稍微摸到了一点门道，请让我试弹一曲吧。"

于是，师文开始拨弄琴弦。他首先奏响了属于金音的商弦，使之发出代表8月的南吕乐律，只觉琴声夹着凉爽的秋风拂面，似乎草木都要成熟结果了。

面对这金黄收获的秋色，他又拨动了属于木音的角弦，使之发出代表2月的夹钟乐律，随之又好像有温暖的春风在耳畔回荡，顿时引来花红柳绿，好一派春意盎然的景色。

接着，师文奏响了属于水音的羽弦，使之发出代表十一月的黄钟乐律，不一会儿，竟使人感到霜雪交加，江河封冻，一派肃杀景象如在眼前。

再往下，他叩响了属于火音的徵弦，使之发出代表五月的蕤宾乐律，又使人仿佛见到了骄阳似火，坚冰消释。

在乐曲将终之际，师文又奏响了五音之首的宫弦，使之与商、角、徵、羽四弦产生和鸣，顿时在四周便有南风轻拂，祥云缭绕，恰似甘露从天而降，清泉于地喷涌。

这时，早已听得如痴如醉的师襄忍不住双手抚胸，兴奋异常，当面称赞师文说："你的琴真是演奏得太美妙了！即使是晋国的师旷弹奏的清角之曲，齐国的邹衍吹奏的律管之音，也无法与你这令人着迷的琴声相媲美呀！他们如果能来此地，我想他们一定会带上自己的琴瑟管箫，跟在你的后面当学生哩！"

◆学习任何技艺，都不能满足于表面上的简单操作，而要像师文那样花气力，下苦功，深究其理，矢志不渝，只有这样，才有可能达到得心应手的自由境界，从而取得常人难及的业绩。

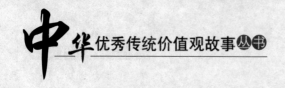

6. 孔子求知

孔子，名丘，字仲尼，汉族，鲁国陬邑（今中国山东省曲阜市南辛镇）人，中国春秋末期的思想家和教育家，儒家的创始人。

孔子是我国春秋时期伟大的思想家、教育家。由于他卓著的儒家思想，精深的学术造诣，被后世子孙奉为"圣人"。

孔子治学一贯主张"学而不厌，诲人不倦"。正如他自己所说："三人行，必有我师焉！择其善者而从之，其不善者而改之。"正是有了这种虚心请教，不耻下问的好学精神，孔子才兼收并蓄，学有所长，成为儒家学派的创始人。

如果说孔子学习有什么秘诀的话，那就是勤于思考，融会贯通，有这样一件事，孔子为了使自己成为一个具有多方面才能的人，曾向当时鲁国的音乐家师襄学习弹琴。师襄先教给孔子一支曲子，要他回去练，孔子一练就是十来天，而且还在不停地反复练习。师襄见他弹得很熟练了，就说："差不多了，再学支新曲子吧！"孔子说："我才刚刚学会了谱子，还没有完全掌握技法啊!"过了些日子,师襄说:"你已经掌握了技法,可以另学一支曲子了。"孔子又说:"我还没有体会出这支曲子所表现出的思想感情呢。"又经过了一段时间,师襄对他说:"你已经掌握了思想感情,并准确地表达出来了,可以学新曲子了。"孔子说:"我还弄不清作曲的是个怎样的人呢。"于是,他又继续弹,师襄在一旁听,听了一阵后说:"好像一个人在严肃地思考,并抬头遥望着远方的天空。"这时,孔子突然兴奋地说:"我已经悟出了作者的为人,这是一个身材魁伟,脸膛黝黑,深谋远虑,胸怀大志,一心想以德服人,感化四方的人。除了周文王,还有谁呢?"

师襄十分感佩,高兴地说:"你说得很对!这首曲子就叫作'文王操'。"

◆百学不厌,方能成功。

7. 子路受教

子路,又字季路,春秋末鲁国下(今山东泗水县泉林镇下桥)人。孔子得意门生。以政事见称。

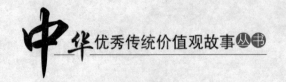
春秋时候的鲁国，有一个勇武刚直，长于政事的著名人物，他就是孔门七十二贤弟子之一的子路。

子路出生在卞，就是今天山东省泗水县。九岁时，曾拜孔子为师。但子路第一次见到孔子时，却不知道学习的重要性。当初，子路只是一介武夫，当他求见孔子的时候，孔子以为他是来求学的，便问他："你爱好什么？"

子路没有弄懂孔子的意思，便贸然回答："我爱好长剑。"

孔子听后，摇了摇头说："我问的不是这个意思。我是说，你是个有能力的人，如果再加上勤学好问，将来一定会大有作为。"

子路听了孔子的话，仍然弄不懂勤学好问对他有什么好处，他认为自己有一身好武艺就可以了，根本用不着再费力去学习，于是满不在乎地回答："勤学好问也有好处？"

孔子见他很刚愎，就慢慢地开导他："学习的好处多着呢。比如君主没有臣子劝谏，在政治上便会遭到失败；士人如果没有朋友的帮助，在道德上便会产生缺点。驾驭狂马，不应该丢掉皮鞭；操纵劲弓，不能违反檠；木材只有先划好线，然后按着线削，才能变得又正又直；人们只有不断地听取别人的意见，才会变成圣贤。一个人只要勤学好问，努力向上，谁能不喜欢，不赞助呢？相反，如果他毁弃仁义，厌恶圣人，就有可能犯法受刑。所以，学问是很重要的，不能轻视啊!"

子路仍然不服气，理直气壮地辩解："南山上的竹子，本来就直挺挺的，用不着矫正。把他砍来，直接就可以当箭用，也可以射穿犀革。由此看来，只要本质好就行了，还用得着做什么学问吗?"

孔子进一步解释说："你说的不错，砍了竹子，是可以直接当箭用，但如果在它的一端束上羽毛，另一端装上金属的箭头，并且磨得十分锋利，不仅射出去的箭不走弯道，而且还会射得更加深透。难道不是这样吗?"

子路听了孔子的分析，感到很有道理，心悦诚服地给孔子行了个礼，说："我诚恳地接受您的教育。"

子路明白了学习的重要，跟随孔子周游列国，学了很多知识，不仅有勇，而且有谋，成了当时政坛上的著名人物。、

◆天赋固然重要，但后天的学习和努力同样重要。

8. 驼背老人捕蝉

有一次，孔子领着弟子们到楚国去，路过一片树林时，看见一个驼背老人用长竿子粘蝉的技艺极高，就像在地上拾东西那样容易，被他看见的蝉，没有一个能逃掉的。孔子感到惊奇，问老人道："您的技巧真高明啊，有什么诀窍吗？"

老人回答说："我的秘诀就是专心致志，刻苦锻炼，持之以恒。最初时，我用了五六个月的时间，练习在长竿上累迭两枚弹丸而掉不下来，捕蝉时，蝉就很少能够跑掉；又用了几个月的时间练习累迭三枚弹丸而掉不下来，十只蝉顶多能跑掉一只；当达到在竿头累迭五枚弹丸而掉不下来的时候，捕蝉就好像在地上拾东西一样了。此外，还要练习两腿站立稳定，两臂拿竿子稳。你看我现在，身躯站得这样稳定，就像一截树墩子一样，手臂拿竿这样平稳，犹如干枯的树枝。而天地虽然很大，万物虽然很多，在我心中却只有蝉翼，除了蝉翼，我什么也不想。我身心安定专一，不因种种的外物改变我对蝉翼的注意力，为什么捕捉不到呢。"

孔子听了老人的话，回过头来对他的学生们说：

"'用心专一，巧如神仙'，说的大概就是这位驼背老人吧！"

◆ 这个故事通过捕蝉老人的高度技巧来自于他的专心、刻苦、持之以恒，告诉了我们一个学好本领的途径。

9. 薛谭学讴

薛谭，古代传说人物。战国时秦国人，善歌。薛谭师从著名歌唱家秦青学习技艺，薛谭非常聪明、好学，嗓音又格外甜美嘹亮。"响遏行云"的典故就源于此。

薛谭向歌唱家秦青学习唱歌，还没有完全学会秦青的艺术技能，就已经满足了，要辞别秦青回家。秦青没有阻止他，而是在城外的大路上设酒为他送行。

席间，秦青按着节拍唱出了悲壮的歌，歌声震动了树林，仿佛连空中飘动的云彩也停住不动了。薛谭深感惭愧，自知功夫还很不够，于是向老师认错，要求回来继续学习，从此再不敢说回家的话。

秦青回头对他的朋友说："从前曹娥到东方的齐国去，途中断了粮，路过雍门，卖唱谋生。走了之后，歌声

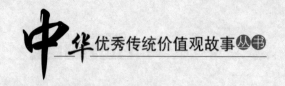

的余音还在屋梁上回荡，三天没有消失，左邻右舍还以为她没有离开。她到了一家客店，客店里的人侮辱了她。曹娥因此拉长声音痛哭一场，全乡老少都伤心愁闷，相嘘流泪，三天吃不下饭。曹娥走了，又赶紧把她追回来，曹娥回来后，拉长嗓音歌唱了一曲，全乡老少高兴得鼓掌跳舞，不能控制自己，忘掉了刚才的悲伤。于是大家拿出很丰厚的财物送她走。雍门的人之所以到现在还擅长于唱歌、痛哭，都是由于效法了曹娥的遗音。"

◆学无止境。要谦虚好学，不能浅尝辄止。

10. 孟子成才

孟子，名轲，字子舆。中国古代著名思想家、教育家，战国时期儒家代表人物。著有《孟子》一书。孟子继承并发扬了孔子的思想，成为仅次于孔子的一代儒家宗师，有"亚圣"之称，与孔子合称为"孔孟"。

孟子是继孔子之后一位儒家代表人物，是战国时著名的思想家、政治家和教育家。

孟子三岁时，父亲去世了，孟母带着孟子住在离墓地不远的地方。幼年时的孟子很淘气，常去墓地看热闹，和小朋友玩抬棺材、埋死人的游戏。孟母很为孟子的前程担忧，决定给孟子换个生活、学习环境，就把家搬到了街市附近去住。

住了不久，孟母发现这里的商人和街市的繁华，也很分散孟子的注意力。孟子常跑到集市上，学着商人的叫卖，玩得连饭都忘了回家吃，学习的事儿更是丢在一边了。

孟母总结两次搬家的经验，发现：小孩子受环境影响非常大。为了培养孩子成才，孟母第三次搬了家。

孟家这次搬到了学堂的附近。学堂里琅琅的读书声吸引了孟子，他常好奇地旁听，时间长了，孟母惊奇地发现，孟子开始喜欢学习，对人也很有礼貌了，于是，孟家就在那里长住了下去。

孟子一天天长大，孟母决定送他上学，自己则借了架织布机，织布赚钱供孟子上学。

孟子高高兴兴上了学堂，几天新鲜劲过了，他就开始感到枯燥了，常常迟到早退，贪玩好耍，孟母看在眼里，愁在心上。

一天，孟母在堂前织布，一抬眼看见孟子又背着书包提前从学堂回来了。孟母沉着脸问道："为什么这么早就回家了？"孟子怕母亲责备，就撒了个谎说："我跟平时一样放学回来的呀！"

孟母听了很伤心，觉得孟子不求上进。她想了一想，拿起剪刀把正在织着的绸子一刀剪断，然后就坐

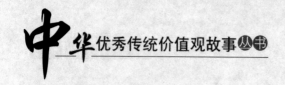

在一旁垂泪。

孟子惊呆了，过了好一会儿才胆怯地问："母亲，您怎么啦?"

这时孟母语重心长地说："人的学问是一点一滴积累起来的，绸子也是一根一根丝织成的。有德行的人学习是为了树立名声，才能增长知识。所以平时能安宁，做起事来就可以避免于祸害。现在荒废了学业，就不免于做下贱的劳役，而且难于避免祸患。如今你中途废学，不好好读书，就难以成才。这就好比我们靠织布生活，绞断了纱线就没有了生活来源啊。"

母亲意味深长的话使孟子惭愧极了，他悔恨交加，一句话也说不出来。

从此以后，孟子懂得了学习必须持之以恒才能成才的道理，起早贪黑，坚持不懈的努力学习，钻研学说，终于取得学业上的突出成就，成为我国封建时代的一位大思想家。

◆这个故事告诉我们：学习必须全神贯注，专心致志，否则将半途而废。父母教育孩子要采取适当的方法，言传身教事半功倍，不可用粗鲁的打和骂。

11. 苏秦锥刺骨

苏秦,字季子,战国时期的洛阳(周王室直属)人,是与张仪齐名的纵横家。可谓"一怒而天下惧,安居而天下熄"。苏秦最为辉煌的时候是劝说六国国君联合,堪称辞令之精彩者。

战国时期的苏秦是我国历史上有名的纵横家。他的四个哥哥都广读诗书,是著名的游说之士。苏秦最初以为做个游说家不需要太多学问,只需巧言善辩就行了,于是,他也像哥哥们一样到各国去游说。

苏秦是洛阳人。洛阳是当时周天子的都城。他很想有所作为,曾求见周天子,却没有引见之路,一气之下,变卖了家产到别的国家找出路去了。他首先主张"连横",连续多次游说秦惠王,要他兼并六国,统一天下。然而,秦惠王觉得苏秦学问不深,始终不肯采纳他的意见。后来,苏秦又去了好几个国家游说,也没有成功,东奔西跑了好几年,也没做成官。后来钱用光了,衣服也穿破了,只好回家。

当他回到家乡时,他身上的衣服破烂不堪,自己也又黑又瘦,非常狼狈。家里人看到他趿拉着草鞋,

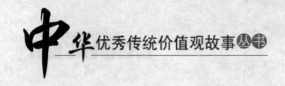

挑副破担子，一付狼狈样。他父母狠狠地骂了他一顿；他妻子坐在织机上织布，连看也没看他一眼；他求嫂子给他做饭吃，嫂子不理他扭身走开了。苏秦受了很大刺激，决心争一口气。苏秦悔恨交集，说："妻子、父母、嫂嫂如此对我，都是因为我无能啊！"他终于明白了：无论做什么，没有真才实学都不可能成功。

从此以后，苏秦痛下决心，发愤读书，钻研兵法。终日闭门不出，不见任何人，一心只想读书，丰富自己的知识，以取得事业上的成功。他把家中的书籍都找出来，认真挑选，然后开始精心阅读、钻研。

苏秦夜以继日地苦读，有时读到深夜，非常疲倦，就捧着书睡着了。天亮时发现自己睡在书桌旁，白白浪费了一夜的学习时间，常悔恨不已。后来，他想出一个办法来克服困倦：夜间读书感到困乏时，便用锥子刺自己的大腿，鲜血一直流到脚下，但伤痛驱走了疲劳，就可以继续钻研了。

苏秦这样刺股以苦学，终于遍览群书，获得了广博的知识，足迹和名声遍布各国。后来，他终于经过游说建立了"合纵"，把六国联合起来，共同对付强大的秦国，使秦王不敢窥函谷关达15年之久。

◆要想成功，必须刻苦钻研，获得真才实学，才能实现自己的理想。

12. 司马迁撰《史记》

司马迁，字子长，西汉夏阳人，中国古代伟大的史学家、思想家、文学家，被后人尊称为"史圣"。他创作了中国第一部纪传体通史《史记》。

司马迁这个名字是与《史记》联在一起的。每当提到司马迁，就自然会想到我国第一部纪传体通史《史记》，因为司马迁为了撰写这部伟大的史书，付出了辛勤的劳动，忍受了常人无法忍受的屈辱。

司马迁生于西汉中叶的鼎盛时期。父亲司马谈是一位博学的学者，司马迁自幼接受父亲的严格教育，十岁起诵读文章，二十岁时走出家门游历名山大川，考察历史遗迹，掌握了许多知识。

一天，患病的父亲把司马迁唤到了跟前，拉着儿子的手充满期望地说："我死以后，你一定会接替我担任太史这个职务。当了太史，可不要忘记我一直想著述史籍的愿望啊！"司马迁痛哭着说："儿子虽不聪明，但一定尽力去实现您的遗愿、您就放心吧。"

父亲死后，司马迁经过几年准备，决定开始撰写

《史记》。就在司马迁准备一展宏图大志，实现父亲遗愿的时候，祸从天降，他因"李陵事件"触怒了圣上，被定死罪。当时，被定死罪的犯人有两种办法可以免死，一是用钱赎罪，二是接受最侮辱人格的腐刑（也叫宫刑，就是割掉生殖器）。司马迁因家贫无法用钱赎罪，可选择的道路只有接受腐刑，这在司马迁看来，是天大的耻辱。可是无辜而死又有什么意义呢？人总是要死的，"或重于泰山，或轻于鸿毛"，自己的事业刚刚开始，父亲的嘱托还没有实现，就这样死了，岂不是轻于鸿毛吗！为了实现父亲的遗愿、自己的理想，司马迁忍辱含恨，被迫接受了腐刑。为了雪耻，为了后代子孙能够正确认识和了解历史，他决心全身心地投入《史记》的撰写中去。

《史记》是我国第一部规模宏大、内容广博的通史。全书有十二本纪、十表、八书、三十世家、七十列传，共一百三十篇，五十二万多字。从远古传说中的黄帝写起，到汉武帝天汉年间为止，上下贯通达三千年之久。这项宏伟浩大的工程，是司马迁经历千辛万苦，忍辱负重十几年心血的结晶。他是在用心灵和尊严撰写《史记》。透过《史记》一个个详实的记载，公允的评价，我们不难看出他呕心沥血"述往事，思来者"的学者风范。

在撰写《史记》的过程中，司马迁一次次遇到难以想象的困难。特别是李陵之祸给他身心造成的伤害，令他永志不忘。晚年，他身体衰弱到了极点，整日神情恍惚，若有所失，但撰写《史记》的工作却始终没有停止过。他经常用孔子、屈原、孙膑、韩非等人发愤著述的顽强精神激励自己，终于以顽强的意志克服了种种困难，最终完成了《史记》的撰写工作。

◆司马迁勤奋好学，坚韧不拔，直言不讳，史笔公正。这些都值得我们学习。

13. 朱买臣苦读成才

朱买臣，字翁子，西汉时会稽吴人。酷爱读书。成语"负薪挂角"的"负薪"就是由他而来。

每一个想在事业上有所成就的人都深知时间的可贵。西汉时的朱买臣就真正做到了时不空过。他珍惜每分每秒，一边打柴，一边读书，终成大器。

朱买臣出生在江苏农村，自幼父母双亡，他孤零零一人，贫穷孤苦，以打柴卖柴为生。生活虽然艰难，但朱买臣很有志气，一心想读书成才。有时天气不好，柴禾难卖，他就只好饿着肚子，然而，即使这样，他也从未间断过学习。

他上山打柴时，常随身带着书本，趁打柴的间歇

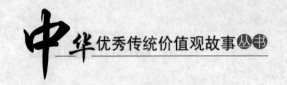
时间坐下来看上一会儿。他抓住一切可以看书的机会，连挑柴走路的时间都不放过，边走边看。

朱买臣这样砍柴读书两不误，成亲之后依然如此。但他的妻子并不理解他，常常奚落责难他。朱买臣对此并不理会，任妻子咒骂，而始终没有放弃自己多年的读书习惯。妻子终于忍受不了生活的贫寒和朱买臣的"恶习"，和朱买臣分道扬镳，各奔前程。

妻子出走之后，朱买臣没有因此颓废，而是一如既往，一边砍柴卖柴，一边挤出时间读书。

随着时间的流逝，朱买臣读的书越来越多，知识也越来越广博，他不仅对《春秋》很有研究，而且在辞赋方面也很精通，尤长于《楚辞》。

他的作品一问世，就得到了社会的瞩目，人们四处询问作者出身哪个名门望族，当得知只是一位普通樵夫时，人人瞠目结舌。然而，朱买臣出众的才学是不能否认的。

汉武帝时，朱买臣经朋友举荐，出任会稽太守令，一直做到丞相长史。

◆只要坚持不懈，刻苦学习，终能获得成功。

14. 黄霸狱中求学

黄霸是中国西汉时有名大臣。字次公，淮阳阳夏（今河南太康人）。生活于汉武帝、汉昭帝和汉宣帝时代。通晓文法、明察秋毫、为官清廉、文治有方，性情又温良懂得谦让，为政外宽内明，力劝耕桑，推行教化。

黄昏，一缕阳光透过窗栏斜射在监狱的墙根下，给阴暗潮湿的监狱牢房带来些许温暖。这一束光影慢慢移动，不一会儿就消失了。"光阴似箭，又一天白白过去了！"看着时光过得如此快，黄霸情不自禁地叹道。

黄霸是西汉时的大臣，廉洁奉公，贤良为政。然而，忠臣竟遭奸贼陷害。黄霸做丞相长史时，朝中奸臣借夏侯胜一案诬告了他，被削去官职，和夏侯胜一起打入监狱。

夏侯胜是西汉时著名的学者，尤其在《尚书》方面很有研究，被后人称为"大夏侯学"的开创者。汉宣帝即位后想颁布诏书，宣扬汉武帝的功德，众臣皆随声附和，唯独夏侯胜反对，认为武帝穷兵黩武。因此，宣帝十分恼怒，认为夏侯胜诽谤"先皇"，要处以死刑。黄霸也被加以附和、纵容夏侯胜犯上的罪名关

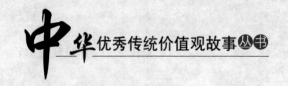

押，一同判处死刑。

黄霸与夏侯胜本来彼此钦佩，如今关在一间监牢里，更是互敬互助，无话不谈。黄霸眼见时光一天天流逝，内心焦急。这一天，他忽然想起：如今被关在牢房里，又清静又有时间，为什么不学习呢？于是，他拜在夏侯胜脚下，说："我愿拜先生为师，请您屈身赐教，就在这里给我讲解《尚书》好吗？"

夏侯胜一愣，看了黄霸好一会儿，长叹一声，说："你我死罪已定，能活几天都无法预料，还学什么《尚书》呢？您还是不要说笑了吧。"

黄霸认真地再次恳求道："先生，您看这墙角的阳光，日日飞快地移动，光阴似箭不待人啊！人生苦短，时间本来就不多，这么好的学习时光，浪费了岂不可惜？"他冷静地笑了笑，再次说道："先生可曾记得孔夫子的话？'朝闻道，夕死可矣！'早上听了有益的教导，晚上死了也可以。我们只要今天还没有被推出去杀头，就应抓紧今天的分分秒秒，多学一点知识，那么，即使明天就被砍头，也会死而无憾的。您就收下我这个弟子吧！"

夏侯胜听了黄霸一席肺腑之言，深受感动，他也被黄霸这种不浪费一分一秒，热爱学习的精神所感染，立刻开始孜孜不倦地讲授《尚书》。

从此，二人每日从早到晚，以学为乐。夏侯胜毫无保留，诲人不倦；黄霸是喜学好问，勤学苦钻。三年的狱中生活从此没有间断过教和学。

三年过后，黄霸和夏侯胜被赦免。这时，两人的学业都大有长进。黄霸也成了一位在《尚书》研究方面很有造诣的人，他感叹地说："这三年的狱中光阴，我终于没有白白浪费啊！"

◆黄霸在狱中珍惜时间，坚持学习，表现了他刚正不阿，以治天下为大的广阔的胸襟。

15. 匡衡凿壁偷光

匡衡，字稚圭，东海郡承县（今枣庄市峄城区王庄乡匡谈村）人。西汉经学家，以说《诗》著称。汉元帝时位至丞相。

匡衡是西汉有名的经学家，出生在山东苍山兰陵镇。他虽然出身贫寒，但从小就喜欢读书。可是，那时穷人念书比登天还难，匡衡不仅没钱进学堂读书，连买书的钱也没有。后来，匡衡听说附近有个有钱的人家收藏着很多书，便自己来到那家府上，请求在这户人家干活。主人见他忠厚老实，吃苦耐劳，就同意了。然而，

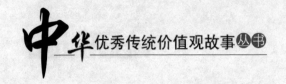
匡衡辛辛苦苦干活却不要一文工钱。主人非常纳闷，问道："你是不是嫌工钱太少啦？"匡衡忙说："您误会了。我帮工不是为了挣钱，而是为了读书，只要您把家里收藏的书都借给我读，就算是给我的工钱了！"

主人听了连连夸奖匡衡有志气，就答应了他的要求。

匡衡终于有书读了，他像得到珍宝一样快乐。白天，他得放牛、喂猪、干杂活，很少闲下来，只能用晚上时间读书。可是，家里是点不起油灯的，书还是读不成。

一天，他偶然发现隔壁人家每天晚上倒是有灯。他盯着墙壁出神，心想：若没有这面墙多好，我就可以有灯读书了。他不眨眼地望着墙壁，忽然一个念头跳到他脑海中："对了！如果把墙壁凿一个小洞，灯光不就可以透过来一些了吗！不就可以读书了吗！"

匡衡找到了好办法，真的在自己家的墙壁上凿开一个小洞，借着透过来的灯光夜读。一天又一天，匡衡把主人家的藏书都读完了，从中汲取了很多知识，懂得了很多道理。后来，他又到外地访问有学问的人，求教解疑，终于凭着这种刻苦求学的精神成了才。

后来，匡衡不仅写得一手好文章，而且善于咏诗，并有独特的理论修养。汉元帝时，他还被任命做了朝廷丞相。

◆匡衡勇于战胜艰苦的决心，勤奋读书的精神，为我们树立了刻苦读书的好榜样。

16. 路温舒蒲草为书

路温舒，字长君，钜鹿（今属河北）人。西汉著名的司法官。

路温舒生活在我国汉代，小时候家中生活十分困难，父母都不识字，他也没有条件上学读书，每天要做的，只能是帮助家里放羊。可他偏偏是个喜欢读书的孩子，看见人家孩子高高兴兴上学读书，心里十分羡慕。

他去放羊，羊在草地上愉快地吃着青草，他却无聊地在一旁傻看。时间过得真慢啊，如果有本书看，该有多好啊。可是到哪儿去找书呢？路温舒生活的年代，纸张还没有普遍使用。人们读的书是用竹简或丝帛写成的，既昂贵，又不方便携带，况且，家里生活困顿得连吃饭穿衣都难，哪里有钱买书呢。有一天，他放羊来到一片池塘边，忽然发现一片蒲草。这种草叶片宽大，在微风中摇曳，犹如一片绿色的海洋。看着看着，他忽然产生了一个想法：若是把蒲草叶做成书，不就有书读了吗？他尝试着做了几片，发现蒲草叶不仅可以写东西，而且携带也方便，随时随地可以翻阅。于是他将蒲草带回家，剪成一样大小，订在一

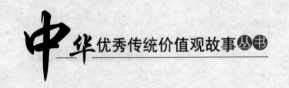

起，又从邻居家里借来书，抄在上面。他的蒲草书就这样做成了。订一本，抄一本，读一本，渐渐地他也有自己的书了，虽然是蒲草书，可他也很满足。因此他通过抄书、读书，学到了许多知识。

后来，他在监狱做过小吏，看到了许多社会的黑暗和丑恶，下决心拯救那些无辜的百姓。经过刻苦努力，他阅读了大量法律书籍，并且向皇帝提出了尖锐的意见。在法律方面，提出了许多利国利民的措施，终于成为一名法律专家。

◆条件艰苦并不能成为学习的障碍，缺乏条件可以创造条件，学习的关键在于愿意学习以及拥有顽强的意志。

17. 桓荣勤学不倦

桓荣，字春卿，东汉著名经学大师。

西汉末、东汉初年，学术空气较浓，整个社会都比较重视教育，连穷苦子弟也可以半工半读地学习知识，并由此而成才，桓荣就是其中的一员。

桓荣出身于普通的农民家庭，由于生活穷苦，他少年时就同哥哥一起跟着父亲下地干农活，在这样艰苦的环境下，他依然酷爱学习，即使在家中无米下锅，没有饭吃的时候，他也坚持"讲诵不息"。

每天下地时，哥哥总带着一块草垫子，以备休息时躺着睡觉用。而桓荣随身携带的却是一本书，一有空闲就翻开专心默读。有时，读得高兴了，还会大声的朗读几句，被他吵醒的哥哥总是很心烦，讥笑他自找苦吃，认为读了书也没有什么用处，还不如好好休息。桓荣并不理会，一心只是读书，有时直到太阳落山，看不清字迹还不肯合上书。

渐渐地，桓荣长大了，他的知识也一点一点丰富起来，他的学习劲头更足了。

他来到长安，拜一位有名的学者朱普为师。这时他依然需要一边打短工，一边抽空学习。他吃苦耐劳，勤奋学习，不仅广读诗书，而且还暗中准备自己写书，练书法，成为一个多才多艺的人。

桓荣在长安一住就是十五年。这十五年中，他坚持学习，从未间断，没有回家探望过亲人。

如此日夜奋斗，到了他三十几岁时，桓荣不仅精通百家之言，而且也写出了不少好作品流传于世，连儒林学府也争相传阅。桓荣成为远近闻名的学者。

后来，他的老师朱普病逝，桓荣因为学业深厚，被众人推为师长。此时，兵荒马乱，桓荣与弟子们一

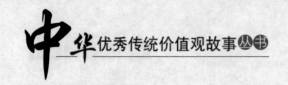
同躲进深山老林。虽然生活更加艰苦了，常常连饭也吃不上，但他却从没有停止过讲学。

桓荣一边教授学生，传播知识，一边抓紧时间学习。

他治学严谨，不迷信权威，勇于挑战。在教学和学习中，他觉得老师朱普所讲解的《尚书》太烦琐，有些言过其实，于是，大胆删繁就简，减去许多浮华之辞，减至二十三万言。后来，他的儿子桓郁又进一步削减，"减至十二万言"，这就是有名的桓氏父子的《尚书章句》。

安徽现存"桓傅故里"坊，高五米，宽四米，上镶有砖刻阳文"桓傅故里"四字，每字一尺见方，明万历四年（公元1576年）重建，清道光二十九年（公元1849年）重修。

◆我们应该多读书，掌握知识，为社会做出贡献。

18. 王充书肆博览

王充，字仲任，会稽上虞人（今属绍兴），东汉著名哲学家。《论衡》是王充的代表作品，也是中国历史上一部不朽的无神论著作。

王充是东汉初年人，祖籍河北。祖先以农桑为业，后因得罪豪强恶霸，被迫几度迁移，家道逐渐衰落，到王充出世时，家中已经一贫如洗。

虽然王充家庭出身低微，受人歧视，但王充从小就勤勉好学，几乎对所有的书籍都感兴趣，都想读通学懂。他六岁时开始读书，非常勤奋，人也聪明。八岁时进书馆读书，品学兼优。同学一百多人都因为错读或学无长进受过老师的斥责、鞭打，唯独王充进步很快，没有受过处罚，而且老师还经常夸奖他。他很快结束初期学业，跟从老师学习《论语》和《尚书》，每日熟读一千字，不久就读完了许多经书。十五岁时，他被保送到京师洛阳，拜在当时著名的儒学大师班彪门下求学。他并不固守一家之言，而是博闻强记，敢于坚持自己的观点。

当时的洛阳是一个繁华的城市，有很多书肆。可王充家中贫穷，没钱买书，就只好带着干粮去书肆阅读当时在太学难以读到的书。他站在书肆中埋头苦读，如入其境，往往一读就是一天，连干粮也顾不上吃。无论严冬酷暑，王充从不间断去书肆读书。由于他勤奋，加上记忆力很强，许多书能过目成诵，渐渐地就达到了"博通众流百家之言"的境界。

王充博览群书，获取了渊博的知识，同时他又认识到"学以致用"的重要性。如果人们只满足于读死书，不追求对知识的应用，就像了解了树木的大小长

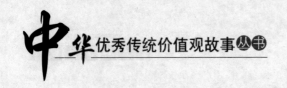

短，却不能伐木造屋一样，是没有意义的。因此王充注意接触社会，联系实际钻研学问，求得透彻的理解。渊博的知识和实际经验的结合，使他能解释一些鬼神之说，并勇敢地提出来，对当时的迷信思想进行反抗。

王充所处的时代，神学盛行，从思想文化界乃至整个社会都充满愚妄和迷信。而王充明辨是非，敢疑敢问，决心写出一部求实的哲学著作，向一些错误理论挑战。

然而当时的皇帝及满朝文武都信奉神学，谁若是有异词，便会立刻遭罪。王充目睹不少这样被定为"非圣无法"罪名而死的事实，但他依旧不改初衷，决心写出这部明辨真假的书。

于是，王充一边教书，一边著书立说。他常闭门潜思，很少与亲戚邻居来往，一心著书。他的房间里四处放满了写作用的刀笔。到了晚年，王充孤独一人，生活更是贫困潦倒，常常缸中无水，锅中无米，自己也饿得头昏眼花，但他为了自己的愿望，锲而不舍。

王充的朋友为王充的贫困所动，为他的才华所惜，屡次推荐他入朝做官，他都以病推托，决心不入仕途，用毕生精力完成著作。

就这样，王充"居贫困而志不倦"，他在"年渐七十"，"发白齿落"之时，依旧坚持不懈，终于写出了一部有八十四篇文章、二十多万字的巨著。他欣然罢笔，给此书定名为《论衡》，意在表示言论的公平，如同衡器一样符合客观真理。

王充进取求实的精神，值得我们学习。

◆我们应该珍惜现在学习的大好时光，学习王充爱学和好学的精神和灵活的学习方法。

19. 侯瑾苦读

侯瑾，字子瑜，敦煌人，东汉著名文学家。

东汉有个叫侯瑾的少年，生活十分不幸，才十几岁就父母双亡了。没有了父母的庇护，侯瑾产生了一种从未有过的失落感。尤其是双亲去世时借了许多债，这对少年侯瑾来说无疑是一个沉重的负担。为了还债，他只好变卖了家里仅有的两间茅草屋，住进了一个远房伯伯家的小耳房，靠给地主放羊维持生活。

自从父母去世以后，侯瑾几乎每日以泪洗面，有时竟情不自禁地在旷野里失声痛哭。他哭父母的早逝，哭自己的无倚无靠，哭命运的不公正……他哭得

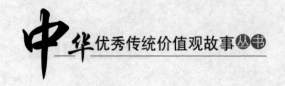

十分悲伤。一次，伯伯见他这样忧郁难过，就开导他说："人总是要死的，死了就不能复生了。你已经长大了，应该学会独立谋生了。人生最宝贵的是要有坚强的意志，要勇敢地面对生活的挑战。"伯伯的话使侯瑾意识到了自己必须面对惨淡的人生。虽然没有父母的疼爱和庇护，但一定不能辜负父母生前对自己的殷切希望，不能愧对伯伯的收养之情。于是，他暗下决心，一定要化悲痛为力量，努力上进，好好学习，做一个德才兼备的人。每次放羊时，他都抓紧点滴时间用心读书。常常是照料几眼羊群，看几页书，这样可以两不误。

这一天，他照例是背着书包赶着羊群上山。在山冈上，他将羊群拢在一块，让它们在这里休息觅食，自己坐在一旁读书。可是还没看几页，就被路过这里的地主看见了，地主穷凶极恶地说："你这个生来的穷骨头，读的什么书，我是雇你放羊的，不是让你读书的，你只配放羊！"

从此以后，地主规定每天在放羊的时候，还要割一定数量的柴草。侯瑾再也没有时间读书了，整天不是放羊，就是割草，累得头昏眼花。但他并没有因此而放弃自己对知识的渴望。白天没有时间就改在晚上，没有照明的灯，就用木条做成小火把照读。他还给自己规定，每天必须照读四支火把才可以休息。由于长时间的熏烤，侯瑾的脸、手、衣服都成了黑的，就连屋子也被熏黑了。

一次，侯瑾正在屋子里就火把照读，突然，"呼"的一声，门外的狂风将门刮开，直扑侯瑾而来，火把的火苗被风吹到了他的脸上，一时间，侯瑾的眉毛和额前的头发都烧着了。可过后照读不误。经过刻苦自学，侯瑾懂得了许多为人之道，并成为一个德才兼备的人，实现了自己的夙愿。

◆要想成才，必须不怕吃苦，努力勤奋。

20. 乐羊子求学

古时候有个叫做乐羊子的人，他娶了一位知书达理、勤劳贤惠的好妻子，她总是帮助和辅佐丈夫力求上进，做个有抱负的人。

乐羊子这个人，有个最大的缺点，那就是做什么事情都缺乏恒心和毅力，学习上更是朝三暮四，浅尝辄止，很少专心于一个问题，读一本完整的书。他的妻子为此没少劝说、启发，劝之以理，动之以情，结果都无济于事。

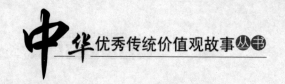

妻子常常跟乐羊子说："你是一个七尺男子汉，要多学些有用的知识，将来好做大事，天天呆在家里或者只在乡里四邻转悠一下，开阔不了眼界，长不了见识，不会有什么出息的。不如带些盘缠，到远方去找名师学习本领来充实自己，也不枉活一世啊！"

他自己也想改掉这个毛病，多次外出，寻师求学，每次拜师，临走前都跟妻子说："这回不学出个名堂来，就不回来见你！"然而，说是说，做是做，每次出门不几天，等到把钱花光了，自己也游逛累了，便又耷拉着脑袋回来了。见到这种情况，妻子焦急万分，真是各种方法都用尽了，可就是不见效。

有一次，乐羊子打听到离家很远的一个偏僻山村里有一位学识渊博的老先生，下决心再次拜师求学。这一回，妻子抱有很大信心，一边给他准备行李，一边不厌其烦地劝说，希望他无论如何一定要学成再回来。乐羊子满口答应，高高兴兴地背着行装走了。

整整一年的光景过去了，乐羊子回来了。和前几次一样，他照样耷拉着脑袋，显出灰心丧气的样子。妻子一看，明白了，气得连话也说不出，"你……"。乐羊子赶忙解释："离家太久了，读书太难了，我实在不能习惯，所以又……"。妻子听了这话，半晌无语，表情很是难过。她抓起剪刀，快步走到织布机前"咔嚓咔嚓"地把织了一大半的布都剪断了。乐羊子吃了一惊，问道："你这是干什么？"妻子回答说："这匹布是我日日夜夜不停地织呀织呀，它才一丝一缕地积累起来，一分一毫地变长起来，终于织成了一整匹布。现在我把它剪断了，白白浪费了宝贵的光阴，它也永远不能恢复为整匹布了。学习也是一样的道理，要一点点地积累知识才能成功。你现在半途而废，不愿坚持到底，不是和我剪断布一样可惜吗？"这下，乐羊子急了，赶忙抢过妻子手中的菜刀，他眼含热泪浑身颤抖，一句话也说不出来。还说什么呢？此情此景，妻子的举动，妻子的比喻，他全明白了，他受到了前所未有的心灵震动。

他二话没说，立即背起行装，翻山越岭，回到了那位老师身边。

这回，他一反常态，判若两人，日夜苦读，废寝忘食，经过了整整七个寒暑，终于成了品学兼优的人，不仅得到老师的称赞，也被人们誉为刻苦好学的典范。

◆这个故事告诉我们，学习需要持之以恒的精神，不是一蹴而就的事，我们应该磨练自己的意志，不懈地努力。

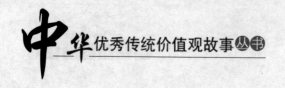

21. 高凤笃学

高凤，字文通，南阳人，东汉著名学者。

东汉名儒高凤，出生在河南南阳的一个小村庄，世代以耕种为业。

高凤少年时就酷爱读书，他虽然也和哥哥们一样，跟着父亲下地干活，但他从地里回来，第一件事就是读书。别的孩子有说有笑，嬉笑打闹，他却专心读书，毫不理会。时间久了，大家都戏称他为"书生"。

高凤长大成家后，依然一边劳动，一边挤时间学习。他读起书来专心一意，昼夜不息，四季不分。他的妻子贤良能干，为了让高凤多些时间学习，她多吃了不少苦，多干了不少活。

一天，天气晴朗，碧空如洗，家家都在场院上晒麦子。高凤的妻子也把麦子在晒场上晾好，并嘱咐高凤拿根竹竿赶鸡，免得麦子被鸡践踏。高凤痛痛快快地答应了。于是，妻子到田里干活去了。

高凤坐在晒场上看护着麦子，不由得想起这几天所读的书，就开始专心背诵起来，他越背越高兴，越背越忘乎所以。

山区的天气，一天三变，风云变幻莫测。突然间，乌云翻滚，大滴大滴的雨点也随之而来，淋湿了高凤的衣裳，也淋湿了晒场上的麦子，而高凤对此却浑然不觉，依旧全神贯注地在雨中背诵着，完全进入了所背书的境界，早把晒麦子的事忘到脑后了。

雨越下越大，当妻子匆匆忙忙从地里跑回来时，麦子已被雨水冲走了不少，而高凤还坐在雨中，拿着竹竿，背得起劲，雨水沿着脸颊流淌着。妻子又好气，又好笑，责问道："你是木头人啊！下雨也不知收麦子，避避雨！"高凤被这一声喝问吓了一跳，回头看见妻子，这才猛然醒悟：没想到自己看麦赶鸡，倒成了"落汤鸡"。他忙放下书，同妻子一起把麦子收了起来。

高凤的才学经过长期的勤学与日俱增，他的名声也渐渐传闻于当时的儒林。二十几岁时，他便成为知名的学者，而他的治学精神和高深的学业，也深为众人敬服。

高凤年老之后，虽身负盛名，但却不追求高官厚禄，一心钻研学问，坚持学习。

朝廷几次征他做官，他都以各种理由推托，专心学业。后来，他隐居在西唐山中，创办学馆，一边教授弟子，一边继续钻研学问，并参加一些力所能及的体力劳动，一直到离开人世。

◆高凤由于认真专注笃学，终于成为了闻名天下的学者。他这种专心致志的精神，值得我们学习。

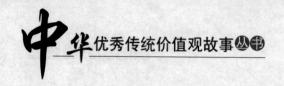
22. 郑玄苦学成才

郑玄，字康成，东汉北海高密人，著名经济学家、教育家，是两汉经学集大成者，被称为"通儒"。他遍注儒家经典，以毕生精力整理古代文化遗产，使经学进入了一个"小统一时代"。

郑玄是东汉末年埋头学问的经学大师，著名的"郑学创始人"。他的成功，是他用毕生的努力和钻研换得的。

郑玄自幼向往寻师访道，钻研学问。为使自己成为一个有学识的人，他违背了父亲要他做官为宦的意志，很早便外出游学，先后向许多名师虚心请教。他曾随太学的第五元先学习《京氏易》《公羊春秋》《三统历》《九章算术》等。跟随张恭祖学习《周官》《礼记》《左氏春秋》《韩诗》《古文尚书》等。当他感到在关东已经没有可以请教的人的时候，便千里迢迢，西入关中，拜扶风郡马融为师。

马融是当时闻名全国的经学大师。他有门徒四百多人，但是只有优秀的高材生，他才亲自授课，其余的学生由他的得意弟子传授。郑玄为自己能成为马融的弟子而高兴，同时，他也意识到这个学习机会来之不易。因此，三年里刻苦用功，从不敢懈怠，就是这样也没能得到老师的亲自指点。他深感做马融的弟子必须加倍努力上进，所以常常是日夜诵习不止。

有一次，马融在和高徒们探讨图纬问题时，听说郑玄善数学，于是把他叫了去。郑玄这才总算有了见老师的机会，为了充分利用这个机会，他把平日里学习中发现的疑问一一向老师讨教，通过解答郑玄的问题，马融发现这个弟子是个了不起的人才，他十分感慨，对其他的学生们说："郑玄一定能将儒家的学术思想发扬光大。"

郑玄没有辜负老师的厚望，回乡以后坚持潜心于经学研究。他不仅钻研了古文经学，而且认真探究了今文经学，认识到今文经学和古文经学各有所长，二者若能合二为一，取长补短，便可创立一种新的经学，这便是后来的"郑学"。

郑玄不但学问渊博，成果丰硕，名满天下，而且气节凛然，品德高洁。他主张维护中央集权制，对宦官和外戚专权十分不满，也不屑与利欲熏心的权贵们为伍。

◆郑玄以其丰富的著述创立了"郑学"，破除了过去今古文经学的家法，初步统一了今古文经学，使经学进入了一统时代，对经学的发展做出了重大贡献。

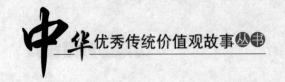

"郑学"集今古文经学之大成，是我国经学的重要学派。郑玄创立"郑学"，是他通六艺，熟百家，古今贯通，兼收并蓄的结果。

23. 邴原戒酒苦学

邴原，字根矩，北海朱虚（今山东临朐东南）人。他是东汉末年与郑玄齐名的著名学者、教育家。在历史上，邴原以品性高洁、志向宏伟称著。

邴原生活在我国东汉时期，小时候没有机会上学，可又十分渴望读书。在距他家不太远的地方有个学堂，邴原每次从那儿经过，都怀着一种恋恋不舍的心情，尤其是听见学生们琅琅的读书声，就越发不肯离去。

这一天，邴原又路过这个学堂，里面的读书声又一次引起他对读书的渴望。看见别人家的孩子都能读书，只有自己不能，十分心酸，不禁潸然泪下，泣不成声。恰巧这时老师走了出来，见一个孩子在伤心地抽泣，就走上前来问："你为什么哭泣？"邴原抽抽搭搭地回答："孤儿容易悲伤，穷人容易感动，看那些孩子既有父母，又有书读，十分羡慕，心里一难过，就禁不住抽泣起来。"老师听了邴原的话后，深受感动，就说："你想念书，尽管来吧。"邴原说："我没有钱交学费呀！"老师说："你如果立志读书，我白教你好了，不收学费。"邴原听后热泪盈眶，深深地给老师鞠了一躬。从此，邴原就在这个学堂里读书了。由于邴原勤奋刻苦，严格要求自己，仅一个冬天，就读完了《孝经》和《论语》。

自从入学堂后，邴原的学习很快有了长足的进步，渐渐地随着视野的开阔，他已不满足于已有的知识。因此，决定出门远游，拜师访友，丰富完善自己。

邴原原来喜好饮酒，为了不因醉酒误事，游学时，他始终坚持滴酒不沾，整天背着书箱，徒步跋涉。走到哪里，学习、请教到哪里。先后拜访了韩子助、陈仲弓、范孟博、卢子干等当时有专长的名人，从中受到了很大的教益和启发。

邴原在外游学八九年之久。他常常通宵达旦地和挚友高谈阔论，和名师一起谈诗论道。俗话说："酒逢知己千杯少。"每逢有人劝酒，邴原都是只望一眼酒杯，然后含笑摇手，表示自己不会饮酒。学成回乡后，邴原广收门徒，为了尽心教学，他仍是酒不沾唇。在邴原耐心地教诲下，门徒中有几十人学得非常精深，成为当时有名的学者。

八九年过去了，邴原该辞师别友回归故里了。临

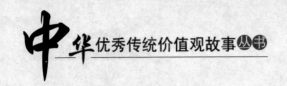
别，师友以为他不会饮酒，所以特地给他送来了米肉，到这时邴原才告诉师友，自己是怕因酒误事，荒废了学业，有意戒酒的。师友们听后无不啧啧称赞。

后来邴原回到了故乡，读书讲学，门徒数百，成为当时青州两大名人之一，也就是人们常说的"青州有邴、郑之学"。

◆常言道："江山易改，秉性难移。"可是邴原为了专心致志攻读，而改变自己爱喝酒的嗜好，这种毅力令人钦佩。

24. 承宫拾薪苦学

承宫，字少子，东汉时琅邪（治今山东诸城）人。

东汉时，有个叫承宫的孩子，父亲很早就去世了，他便成了孤儿。八岁那年，为了糊口，只好给地主去放猪。

乡间有个名叫徐子盛的学者，是讲读《春秋》经的专家，教有几百名学生。有一天，承宫赶着猪群从学馆门前经过，听见里面正在讲经书，便停住脚步，侧耳静听。春秋故事本身就很吸引人，徐子盛讲得又十分生动形象，引人入胜，承宫越听越有味，竟然入了迷，忘记了放猪的事。

太阳已经落山了，地主仍不见承宫回来，便出来寻找。当找到学馆门前时，看见承宫正听得入迷，而猪群却早已不见了踪影，顿时火冒三丈，像饿狼一样扑向承宫。地主的打骂声，惊动了徐子盛和他的学生，他们从书馆里出来救下了承宫。徐子盛问清了原因，深为承宫的好学精神所感动。承宫也要求老师把他留下来。徐子盛和地主讲妥了条件，便收留了承宫。

从此以后，承宫跳出了火坑，有了学习机会，从心底里感激徐子盛和他的学生。他打水，烧饭，外出打柴，一有闲空，就听老师讲经，或自己专心致志地学习，从来不知道疲倦。就这样，几年过去了，承宫边劳动边学习，把儒家的几部经典著作全部学通了。后来，他辞别了老师和同学，回到家里，自己开始教书授徒。

◆每个人都有很强的学习能力，可以通过不断的努力和尝试来调整自己、提高自己。不要放弃，而要对自己遇到的挫折进行必要的分析和总结。只要你能够找到正确的方法并持之以恒地付诸实践，成功一定会属于你。

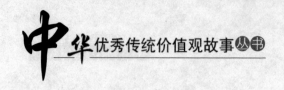

25. 董遇三余读书

董遇,字季直,三国时期著名学者。

东汉末年,军阀混战,烧杀抢掠,无恶不作。陕西关中地区又连年大旱,粒米难收。天灾人祸给关中人民带来了巨大的苦难,出现了"白骨蔽于野,千里无鸡鸣"的悲惨景象。无法生存的老百姓,只好背井离乡,四处逃亡。

董遇兄弟俩也随着难民流亡,从陕西逃难出来,投奔一个姓段的朋友。

朋友住的城中山峦叠嶂,兄弟俩为了生存,每天上山打柴,忍饥挨饿,直到中午把柴卖掉,才换些粮食维持生活。

兄弟俩为人诚实肯干,每天砍柴卖柴,生活倒还过得去。董遇喜欢读书,砍柴时也带着书本,一有空闲,就聚精会神地诵读。他的哥哥很不理解,说道:"又累又饿,读书能填饱肚子吗?不如好好歇歇,省点劲多砍一些柴吧!"

董遇浑然不觉,依然认真地读手中的书,晚上回家之后,他也常读书至深夜。阴雨天不能上山打柴,他更是手不释卷。如此日复一日，持之以恒，董遇的知识愈加丰富，《老子》、《左传》都很精通，还根据心得，写出了《朱墨别异》一书。

董遇取得一定成就之后，也渐渐有了名气，很多人来登门求教，他总是告诉来者："用心读书吧！读上百遍再说。"来者听了如此回答，以为他不肯指教，难免失望。这时，董遇又说："'书读百遍，其义自见'，无论什么书，读得多了，一边读一边揣摩，总会理解其中的含义，若这样还有不懂的地方，再求教于别人也不迟啊！"

很多求教者听了这番话，都认为很有道理，但却苦于自己没有太多时间读书。董遇听了，摇摇头，问道："为什么不利用'三余'时间呢？"

求教者不知"三余"为何意，董遇只好进一步解释道："'余'就是指空闲的时间。冬季冰天雪地，无法劳作，这是一年四季中的空闲；夜晚，更深人静之时，这是一天中的空闲；阴雨连绵的天气，不能上山砍柴，更是难得的空闲啊！这三种空余时间，就是'三余'，好好利用起来，不就有读书的时间了吗？"

董遇生活在兵荒马乱的时代，生活窘迫，就是利用"三余"时间，刻苦钻研，勤奋学习，才获取了大量的知识，最终成为三国时的著名学者。

◆读书要认真，达到其义自现。置身学校，有的

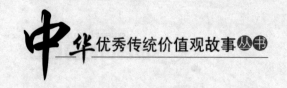

同学似乎没有"三余"时间。其实，在空闲时间挤一挤，读书的时间总会有的。

26. 马钧勤于钻研

马钧，字德衡，扶风（今陕西兴平）人，是我国古代科技史上最负盛名的机械发明家之一。

三国时杰出的机械制造家马钧，从小口吃，不善言谈，但他却善于动脑，喜欢思索，尤其是勤于动手。

青年时代，看到人们用的织绫机十分笨重，操作起来极不方便．工作效率又低，工人花几十天时间才能织一匹绫，他就想：是不是可以改造一下呢？有了这个想法以后，他就一头扎进去了，整天围着机器这里看看，那里摸摸。他发现这种织机之所以笨重，是因为它的蹑太多，如果减少蹑数，织机不仅可以提高工作效率，而且可以变笨重为灵巧。经过反复试验研究，他将织机由原来的五十蹑改成十二蹑，收到了良好的效果。这事给马钧很大启发，激起了他对革新创造的探求热情。

从此以后，他时刻注意观察自己周围的事物。一天，他见离自家不远的地方有一片荒地，可以辟作菜

园，就决定开垦，可观察一下四周，发现这里地势高
于其他地方，若是种菜，水是个难题。为了解决灌溉
问题，他尝试着设计了一种新的灌溉机械翻车。

说起翻车，马钧还是受前代的提水工具桔槔和辘
轳的启发而研制的。因为这两种工具都只能间歇式地
提水，不能连续运动，马钧便在此基础上，进行了改
造，使它成为连续运转的提水工具。

有一次，马钧在衙门里和部分官员闲聊时谈到了
指南车。当时有人对古代已发明了指南车持怀疑态
度，认为书上的记载是不可信的。可是马钧认为：古
代很可能造过指南车，只是我们没有深入研究罢了。
并说："其实，造指南车也并不是多么深奥的事。"在
场的有些人见马钧口出"狂言"，便冷嘲热讽地说：
"先生名钧，字德衡。'钧'是指器物的模型。'衡'
可以定物的轻重。可你说话连个轻重都不分，难道可
以作为模型吗？"马钧见这般人如此尖酸苛薄，就开口
答道："空口争论有什么用，不如试验试验，方可见
分晓。"打这以后，马钧在工匠的协助下，开始了艰苦
的设计、制作工作。终于有一天，指南车诞生了。马
钧用自己的创造实践，赢得了人们广泛的尊敬。

马钧制成指南车不久，有人给魏明帝进献了一种
叫作百戏的木偶玩具，设计精巧，造型优美，可惜的
是不会动。魏明帝问马钧："你能使这些木偶人动作
起来吗？"马钧自信地点点头。魏明帝就让马钧改制。

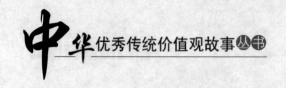

　　马钧用木材做了一个大轮子，平放在地面上，用水利使木轮转动，同时，轮子上设置的木人都一起动起来，有的击鼓吹箫，有的唱歌跳舞，有的跳丸（古代的一种杂技）掷剑，有的爬绳倒立，还有的舂米磨面，斗鸡杂耍，栩栩如生，变化无穷，成为壮观多姿的"水转百戏"。人们称赞他是"天下之名巧"。

　　马钧的发明创造得到了广大劳动人民的欢迎，几千年来，他的功绩和美名一直被劳动人民所传颂。

　　◆马钧的"巧"绝不是由于天赋，而是他善于汲取劳动人民的智慧和经验，勤于思索，刻苦钻研，注重实践的结果。

27. 吕蒙学而受益

　　吕蒙，字子明，汝南富陂人，三国时东吴名将。

　　吕蒙是我国三国时代吴国的著名大将，传说足智多谋的关公（关云长）就失手在他的手里。

　　吕蒙十分勇敢善战，二十多岁时，屡立战功，已经很有名气，深受吴国大帝孙权器重，并期望他担当更大的重任。只是因为少年家贫，没有机会读书，所以，他的知识非常有限。有一天，孙权对吕蒙和吴国的另一员大将蒋钦说："你两个都负有重托，应该做点学问，借以开拓胸襟，增长知识"。吕蒙则以军中事务繁忙为借口，强调没有时间读书学习。

孙权听后，给他们讲了自己读书的体会和收获。孙权说："我在少年时代，就读完了《诗经》、《书经》、《左传》、《国语》，只是没有读过《易经》。从掌管了政务、军务以来，又挤时间读了《史记》、《汉书》、《东观汉记》以及各家的兵书，深深感到大有益处。像你们两个人，思想开朗，性情颖悟，只要肯学，必然有很大收获，为什么自甘暴弃呢？从古至今，一切有作为的人都是酷爱学习的。"吕蒙听了孙权的话，心胸豁然开朗，深受感动，决心发奋读书。

这时候，吕蒙早已过了读书的年龄，加之军务繁忙，每天闲余时间的确很少。他就利用起一切零碎时间，不管走到哪，只要一有空，就拿出书来看几页，越读越起劲，时间长了，读的书多了起来，知识面也越来越宽广。据说他阅读范围之广，连那些皓首穷经的老儒生都望尘莫及。随着知识领域的日益扩大，对问题的见解也日益深刻，深受一些知识渊博的谋臣赞赏。有这样一件事，吴国著名谋臣鲁肃代替周瑜，领兵进驻陆口，经过吕蒙兵营的时候，以为吕蒙不过是个大老粗，不屑去看他。有人劝鲁肃："吕将军进步极快，富有谋略，不该用老眼光看他，

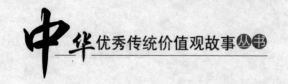
你还是上他那去一趟吧!"于是,鲁肃到了吕蒙的军营,吃酒中间,鲁肃听了吕蒙的许多议论,非常折服,伸手拍了拍吕蒙的脊背,亲切地说:"我总以为兄弟只会打仗,今天听了你的议论,学问竟然这样渊博,识见竟然这样高明,真了不起,完全不是当年的吴下阿蒙了。"吕蒙说:"士别三日,便当刮目相看。"意思是说,别人已有显著进步,不能再用老眼光看待了,要用发展的眼光看人。

后来孙权曾经这样赞扬吕蒙:"一般人上了年纪,往往不求上进,一旦富贵荣显,更会满足现状,耽于逸乐。像吕蒙和蒋钦,年长以后,还能自强不息;富贵荣显了,还能放下架子,刻苦学习,真是难能可贵啊!"

◆事物都是变化发展的。不管天资是否聪颖,只要勤奋好学,勤奋总能补拙,才智日益精进。

28. 皇甫谧年二十始勤学

皇甫谧,字士安,自号玄晏先生,魏晋间医学家。中国历史上的著名学者,在文学、史学、医学诸方面都很有建树,撰有《针灸甲乙经》。

在我国古代，对针灸很有研究，贡献最大的，要算西晋初年的皇甫谧。他精通医学，著有《针灸甲乙经》，流传于后世，是我国医学史上第一部系统而完整的针灸文献。

皇甫谧虽然学识渊博，但在少年时，却曾走过一段弯路。

皇甫谧从小过继给叔父家。叔父早逝，叔母把全部希望都寄托在皇甫谧身上。然而，他从小就沾染上游手好闲的坏习惯，无论怎样相劝，都无济于事。直到二十岁左右，他仍不爱学习，每天游荡无度，不干正事。周围的人都认为他不堪造就。

皇甫谧曾经得到一些瓜果，总是进呈给他的叔母。叔母说："《孝经》说'即使每天用牛、羊、猪三牲来奉养父母，仍然是不孝之人'。你今年二十岁，眼中没有教育，心思不入正道，没有什么可以拿来安慰我的。"叔母于是叹息说："从前，孟母三迁，使孟子成为仁德的大儒；曾父杀猪使信守诺言的教育常存，难道是我没有选择好邻居，教育方法有所缺欠么？不然，你怎么会如此鲁莽愚蠢呢！修身立德，专心学习，受益的是你自己，跟我有什么关系呢！"叔母面对皇甫谧流泪。皇甫谧深受感动，他悔恨交加，决心痛改前非，并向叔母发誓，一定发愤读书，努力劳动，有所作为。

皇甫谧的家境本来就很贫寒，他又不善劳作，所

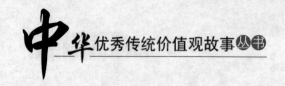
以离家上学是不可能的，他只得利用劳动之余，去邻近的一位叫席坦的老师开的学馆去旁听。

万事开头难。经过一段时间的磨练，皇甫谧识了不少字，有了一定的自学能力。家中无钱买书，他就向邻里借书抄。他勤学苦练，起早贪黑，白天下田锄地时，也把抄好的书带在身边，一有空就坐在田边地角学习。如此刻苦学习，持之以恒，过去的浪荡子终于成才。他博览了历代重要典籍，精通百家之作，成为当时德高望重，才学渊博的人，而他"带经而农"的故事也传为美谈。

皇甫谧一生淡泊名利，几次推辞了皇帝的诏命，始终不肯趋炎附势，追逐世利。但他从不放过读书的机会，曾借写辞书之机，向皇帝借书，结果，真的得到赐书一车，他如获至宝，昼夜苦读，硬是读遍了一车的书。

皇甫谧一生以著述为务，后来不幸得了风痹症，半身不遂。在这种情况下，他仍然手不释卷，著书不懈，因而被称为"书淫"。朋友们常劝他保重身体，不要如此废寝忘食，他却说："'朝闻道，夕死可矣！'何况寿命的长短也并不决定于勤学与否啊。"

病魔给皇甫谧带来了很大的痛苦，他深觉医学的重要，因而立志习医，钻研针灸疗法。他顽强地学习，广读古代医书，掌握基本医学理论，并在自己身上进行实验，终于写成了《针灸甲乙经》。

皇甫谧一生著述很多，诗、赋、颂、论均有所涉及。他不仅写出了不少有价值的书，还从事教育工作，教出不少好学生，深为后世所敬重、推崇。

◆教育能改变一个人，把握光阴，奋勇追赶，为时不晚。

29. 葛洪抄书

葛洪，东晋道教学者、著名炼丹家、医药学家。字稚川，自号抱朴子，汉族，晋丹阳郡句容（今江苏句容县）人，世称小仙翁。他曾受封为关内侯，后隐居罗浮山炼丹。著有《神仙传》《抱朴子》《肘后备急方》《西京杂记》等。

小时候，葛洪家境殷实，父亲喜欢读书，且收藏了大量书籍。受父亲熏陶，葛洪自幼酷爱读书且经常入迷。

葛洪十三岁时，父亲就去世了，从此家境一落千丈，家庭的重担落在了他的肩上。葛洪用稚嫩的肩挑起了整个家庭的重担。每天上山砍柴到集市去卖，手

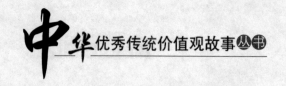

掌破了，腿流血了，脚起泡了。所有这一切都无所谓，他都忍了，但他忍不住对书的渴求，对知识的渴望。父亲的藏书他早已读完了，他多想有些新书来读一读！但家庭的现实情况容不得他去买书，于是他就借书来读，白天打柴，晚上读书。有时书实在写得太好了，读一遍还不过瘾，还想读第二遍、第三遍，而借书的期限又到，那该怎么办？这时葛洪便想："若是把它抄下来，岂不更好？既加深了记忆，又拥有了自己的书。"

说干就干，葛洪利用打柴换来的钱买来纸和笔，白天打柴，晚上抄借来的书。手写累了就停下来歇一歇，脚麻了就站起来走走，困了就趴在桌子上睡一会儿。为了节省纸张，抄书时葛洪尽量把字写得又小又密，而且正反两面都写，为了节省时间，他白天就揣着写好的纸张，利用砍柴的间隙来读。一天下午，葛洪砍了一整天的柴，就躺在山上边休息边看书。他实在困了，不知不觉中昏昏睡去，等他醒来，已是月光洒地。这时他想："这里离家也不远，反正我也不害怕，何不借着月光来读书呢？"于是在皎洁的月光下，葛洪又读了起来。

几年以后，葛洪抄书的数量已相当可观，总数达到了一万多卷，受书的熏陶，他自己也学着写一些诗赋文章，由于博览群书、知识渊博，因此其作品也颇有功底，长进很快，十五六岁的时候就小有名气。但他仍不满足，感到自己的知识太少，于是不辞劳苦，经常长途跋涉在江南一带，借书来读来抄。为了抄书，他夜以继日，争分夺秒。就这样，尽管葛洪没有买过一本书，但家里却藏书万卷，自己也已博览全书。

成名之后，葛洪仍然喜欢抄书，经常边读边抄。但不再是整部整部地抄写，而是摘抄，摘录书中的要点、精彩之处、不明之处，精彩之处加以品味，不明之处加以琢磨。厚厚的一本书，葛洪摘录成为数不多的资料片断。朋友问他："你只抄录摘要，这不是太支离破碎，不连贯了吗？"葛洪笑着回答："去水里探宝的人，拾到了美玉就把石头丢掉。我抄书时，只抄精华，就好像摘下翠鸟的羽毛，又好像取下犀牛的角和大象的牙一样，为的是尽快把有用的东西拿到手，有什么不好呢？"

很多年过去了，葛洪仍然保持着这种读书的习惯。他经常翻阅自己当年所抄写的书籍，并对自己年轻时的文章反复斟酌，哪怕一句话甚至一个字他都反复揣摩，直到自己满意为止。他曾经说过："我把原来的文章改好一个字，比我写一篇新作品更让我高兴，可叹人生苦短，我不能把原来的东西都加以修改。"

凭着自己坚强的毅力和对书的强烈渴求，葛洪博览群书，成为满腹经纶的学者。用自己一丝不苟的执着精神，经过十几年的辛勤劳动，终于写成了著名的哲学著作——《抱朴子》八卷，同时自己也赢得了世

人的尊重和赞誉。

◆多读书，多积累。一个真正好学的人，无论条件多么艰苦，都能想方设法克服困难。

30. 宋夫人传《周官》

宋夫人，前秦女经学家，名失传，籍贯不详。太常韦逞之母。家传周官学。苻坚曾令学生一百二十人从她受业，使周官学得以保存流传，成为中国古代历史上第一位女博士。时人称为"宣文君"。

东晋时，北方前秦有位八十高龄的宋夫人，因传授绝学（将失传的学问）被前秦皇帝苻坚赐以宣文君的尊号。

宣文君是宋家的独养女儿，母亲早亡，父亲十分疼爱，把她当男儿看待，自幼传授诗书。宣文君的父亲是儒学大家，对《周官》研究颇深。

《周官》（后称《周礼》）是儒家经典之一，相传是周公撰著。宣文君生活的年代，因尚未发明印刷术，所以文化典籍一般靠家传保留。由于传播范围有限，有不少学问因无人继承而失传，成为绝学。宋家"世学《周官》，传业相继"，如今无子可传，父亲不愿《周官》在自己手中失传，于是破例传授女儿。父亲生怕《周官》贻误在女儿手中，因此，再三叮嘱："我没有儿子可传，今天传给了你，你一定不要使它绝世。"

父亲的嘱托，宣文君始终不敢淡忘，即使是天下战乱，民不聊生，流离失所，仍不忘"讽诵不辍"。在逃难的过程中，宣文君把父亲所授的《周官》带在身上，从不离家。家遭劫难后，生活艰难，白天要砍柴，晚上要织布，可总要挤出时间诵习《周官》。后来，她将《周官》传给了儿子韦逞。

前秦皇帝苻坚亲临太学，对《周官礼注》无人讲授十分惋惜。听说宋夫人精通《周官》音义，现在已经八十岁了，可耳不聋，眼不花，身体仍很健康，决定在宋氏家立一个讲学堂，收了一百二十名学生，由宋夫人亲自讲课。于是《周官》这门学问才又重新流传于世。

宣文君在动乱的年代，在极为艰难的环境下仍精心保存文化典籍。辛勤劳作之余，坚持研读诵习，终于以八十岁的高龄，立堂讲学，为国家传授濒于灭绝的学问。

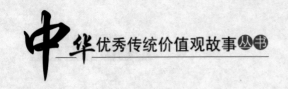

◆宋夫人传播宣扬学术文化上的贡献和刻苦的治学精神，值得我们学习。

31. 唐张氏为医学献身

唐张氏是南北朝时期沛郡相县（今安徽淮北市濉溪镇以西）的一位农村女子。她的家乡生活穷困，缺医少药，百姓们生病只能等死。为此，她十分渴望自己能解除他们的病痛。

事也凑巧，一天，村子里来了一个叫唐赐的外乡郎中，他凭着自己的医术，治愈了几个家里根本不抱希望的病人，这下村子传开了：姓唐的郎中真了不起呀！她听说后心里十分倾慕。后来，唐郎中娶她为妻。从此，唐张氏和医学结下了不解之缘。由于她热爱这个工作，所以平日特别留心丈夫给病人看病，渐渐地她也懂得了一些医道，切脉、开方等。

丈夫见她这样细心，就有意试试她，看她掌握得怎么样了。这一天，又听见有患者在叫门，丈夫就让唐张氏去看看，自己重新躺在床上。妻子将病人接进诊室后，来找丈夫，要他去为病人看病。丈夫借口说不舒服，要她给随便看看。无奈，唐张氏忐忑不安地来到了患者面前，见患者痛苦的表情，她立刻提高了自信心，经过诊脉、问病和观察后，她首先给病人针灸，然后又提笔为病人开了药方。丈夫在暗中早将这一切看在眼里，觉得妻子已经可以独立行医了。当唐张氏来到丈夫这里准备说明一切时，丈夫摆了摆手，表示十分赞赏。唐张氏高兴极了，多年的愿望实现了。

有一年，战乱频繁。战乱之后，沛郡流行一种奇怪的病，患者染病后与常人无异，可是有时一张嘴就会吐出几条毒虫，这时再进行医疗就已为时过晚，病人会很快死去。唐郎中夫妇对此病一筹莫展，内心十分不安。丈夫唐赐常叹息着对妻子说："要是能够亲眼看一看毒虫在人肚子里的活动情况，就能找出办法对症下药了。"可是，当时有谁敢冒天下之大不韪呢？

五年后的一天，邻村的一家请唐赐去喝酒。唐赐高高兴兴地去了。因为高兴，所以多饮了几杯，回到家后就觉得腹内疼痛。唐张氏急忙给丈夫扎针吃药，可一碗药刚喝下去，唐赐就觉得有什么东西往上涌，一张嘴，竟接连不断地吐出十几条大大小小的毒虫来。唐赐夫妻二人都十分清楚，这是染上了怪病，并且已不可救药。临终前，丈夫拉着妻子挣扎着说："这种怪病我始终没弄清，也治不了。我死后你们要剖

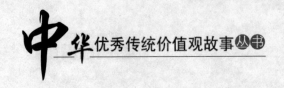

腹探病，看看毒虫侵入的是哪个脏器，哪个经络，今后好救治病人，也不枉我做郎中一场。"

丈夫死后，他的临终嘱托始终萦绕在唐张氏的心头。她真恨不得马上弄清这种病的原因，实现丈夫的遗愿，替百姓解开怪病这个谜。可唐张氏又怎能下得了这个手呢？躺在自己面前的是自己最亲近的人呀！她实在没有勇气面对这个现实，可就让这该死的怪病夺走一个又一个生命吗？唐张氏痛下决心，一定要揭开这个谜。在儿子的协助下，唐张氏鼓足勇气打开了丈夫的腹腔，她第一次亲眼看到人体内脏的结构竟是这样复杂。她叫儿子拿着灯烛照亮，自己一笔一画地把人体腹腔内脏的位置和毒虫在腹腔里的活动情况仔细地描绘下来。唐张氏这种勇于探求，知难而进的大无畏精神，挑战了所谓的"伦理"，无疑震慑了统治阶级，他们以"大逆不道"的罪名，杀害了我国第一个进行人体病理解剖的女郎中唐张氏。

◆唐张氏为医学而献身，连自己的名字也没能留存下来。但她所描绘的人体腹脏图，却经后人的辗转收藏而流传于世，作为她勇于探索精神的见证。

32. 刘勰卖书拜名师

刘勰，字彦和，生活于南北朝时期，中国历史上著名的文学理论家。著有《文心雕龙》，是我国最早的文学评论巨著。

刘勰是我国南北朝时期著名的文艺批评家。他出身贫寒，曾在钟山的南定林寺里，跟随僧佑研读佛书及儒家经典十余年。他坚持苦读，学问上大有长进，诸子百家无不通晓，对前人作品的成败得失也都有了自己独到的见解。他把自己的见解写成一本文艺理论著作，可是一直找不到名人的指教。

当时，大学问家沈约很有名气，刘勰想找沈约给提提意见，几次求见都被门人拦在外面。刘勰没有办法，便想出一个好主意，他乔装打扮成一位卖书郎，携着一个大包裹在沈约门前叫卖，包裹里装有他自己写的那本著作。

有一天，刘勰看见沈约乘车回家，连忙放开嗓门，高声喊道："卖书，卖书！都是古装珍本哟！"沈约是个书迷，听说有卖好书的，便立刻跳下车来，走到刘勰跟前。刘勰乘机呈上自己的作品，

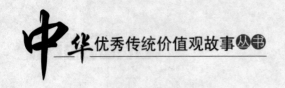

说："沈大人，这里哪有什么珍本，只因小人写了一本书，是自己多年学习的心得。一直想得到大人的指教，可是没有机会和大人见面，才化装成卖书郎在此等候。"沈约一听，不仅没有生气，还把刘勰请到家里。

进到沈约家，沈约安排刘勰在书房坐下，自己在一旁逐字逐句读起手稿来，边读边点头，边读边批改。对刘勰说："你的文章不仅继承了前人的文学批评理论，也批评了现在片面追求形式的歪风；只是体系还不够完整，按照我提的意见修改，有问题随时可以来找我。"

刘勰回来后，按照沈约提出的意见，将文稿作了认真的修改，这便是后来在我国文学史上享有很高声誉的名著——《文心雕龙》。

◆家庭的不幸变故，并没有使刘勰意志消沉，而是"笃志好学"，勤于读书，终于写成我国古代文艺理论巨著《文心雕龙》，是我们学习的好榜样。

33. 李铉春耕冬学

李铉，字宝鼎，南北朝时期北齐著名学者。

李铉是南北朝时期著名的学问家，一生刻苦自学，掌握了文学、历史、文字、历法等多种学问。由于他学识过人，曾被聘为北魏太子的老师。但他的学识却来之不易，是他用辛勤汗水浇灌的结果。

李铉出身于一个贫穷的农民家庭，生长在农村，自幼便参加农田里的劳动，家里的几亩薄田，全靠他一个人耕种，既没钱交学费，也没时间读书。李铉小小年纪，便饱尝了生活的艰辛。可这并没有使他丧失生活的勇气和信心。到九岁那年，靠着亲戚朋友的帮助，开始上学了，可也只有在冬季农闲时，才能读上一两个月的书，春、夏、秋三季都得参加田间劳动。即使这样，李铉也感到很满足了。他深知自己读书不易，因此非常珍惜时间，学习时聚精会神，平时很注意抓住点滴时间反复温习功课，因此学习成绩比那些整天读书的人还好。

为了丰富、充实自己的生活，他利用冬闲时间到私塾去旁听。可生活拮据，没有余钱交纳学费，他就

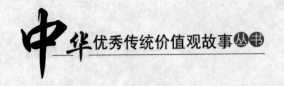

上山砍几担柴送给老师作为酬谢。为了充分利用时间，李铉常常夜以继日地读书，有一次，实在困得难以支撑，便伏在书桌上睡着了。醒来一看，时间已经过去了许多，他为此很惋惜，怎么才能减少困意呢？李铉终于想出了一个冷冻清醒法。别人的屋里都生起了炉火，暖融融的，唯有他不点炉火，一个人在冰冷的屋子里坚持读书，手脚冻得冰凉，人也就精神了。

有一天，已经很晚了，外面北风呼啸，大雪纷飞，人们都在家里守着火炉享受天伦之乐，李铉的屋里却冷得出奇。他一个人在埋头读书，根本没有留意窗外的天气。渐渐地，口腔里冒出了哈气，腿脚也开始麻木了，他感到冷，但仍坚持一边高声朗读，一边来回在屋子里走动。忽然"啪"的一声，书掉在了地上，原来手也冻得不好使了。第二天早晨醒来时，他才发现屋外是一片白色的世界，屋里的墙上、地上、门上、窗上，连他的头发、被子都挂满了白霜。

李铉要求自己一向很严格，每次老师留下的作业，他总是尽快完成。别人看一本书，他争取看两本、三本，而且力求融会贯通。每到冬闲，李铉的大忙季节也就开始了，为拜师求学，他往来奔忙于各个乡里之间。今天求教于这个老师，明天又求教于那个老师，常常背着粮食，提着书箱，在刺骨的寒风和飞雪中奔波，饿了，自己借锅做饭。边吃边学。几年过去了，附近的老师他都拜访到了。他就约上朋友，到更远的地方去拜师求教。寒来暑往，李铉的水平越来越高，读的书也越来越多，终于成为一代有名的大学问家。

　　◆伟大的成绩和辛勤劳动是成正比例的，有一分劳动就有一分收获，日积月累，从少到多，奇迹就可以创造出来。

34. 江泌映月读书

　　江泌，字士清。南北朝时洛阳考城（今河南兰考）人。曾任南中郎行参军及国子助教。

　　江泌自幼聪明好学。家中生活十分贫苦，他天天要帮家里削木头做木鞋来维持生活。但是，艰难的生活没有磨灭他的学习意志。他胸怀宽广，志向远大，立志攻读经史。家里穷供不起他去学堂里读书，他就立志自学。他把鞋摊摆在一个学堂附近，能够听得见学堂里面先生的讲课。每天一边削木鞋底，一边听先生讲课。江泌白天忙着做活，晚上读书，往往要读到深夜。即使有时白天做活非常劳累，晚上十分疲劳，

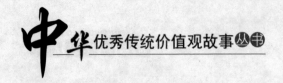

也从不间断学习。

晚上读书学习，需要灯油，而他一读就读到深夜，灯油用得更多了。他家穷得连做菜都没有油，哪来油点灯读书呀。时间长了，江泌妈妈怕他读书耗油太多，天一黑，早早就把灯吹灭，并把灯藏起来。没有灯光，夜里怎么读书？江泌只好静静地背诵或默记学过的知识。

一个中秋节的夜晚，江泌陪着父母在院子里赏月，看见明亮似镜的月亮，散发着皎洁的月光。他灵机一动，心想，在月光下读书不是也行吗！于是，他借着月光看起书来，就这样，他天天借着月光读了不少书，再也不愁点灯费油，夜晚无法读书了。

一次，他读书着了迷，读着读着，月光斜移，原来透过窗户照进屋子里来的月光一点也没有了。他抬头一看，原来月亮已经悄悄地爬到屋子那边去了，屋子挡住了月光，所以字看不清了。江泌就拿着书本跑到院子里来看书。过一会，又看不清了，他干脆就登着梯子爬到屋顶上映着月光读书。他看着看着，到了后半夜，因为白天太累了，晚上看书时间长，他疲倦地趴在屋顶上打起盹来，结果从屋顶上滚了下来摔在地上，这时他的手还紧紧握着书。幸亏家里是茅草房，屋檐不高，没有摔坏，只是脸上、膝盖擦破了皮。江泌真有点犟劲，他从地上爬起，拍拍身上的尘土，又爬上屋顶，映着月光读起来。

江泌映月读书的故事一直流传到现在。

◆江泌常年坚持借月光读书，增长了很多知识和才干，而他映月读书的故事，也很快传播开去，几乎家喻户晓，无人不知，成为鼓舞人们勤奋学习的一个典范。

35. 祖莹好学

祖莹，字元珍，北魏范阳人，自幼喜欢读书。《三字经》中"莹八岁，能咏诗"，就是指祖莹。

祖莹，字元珍，三国魏时范阳人，出身于官宦世家。

祖莹少时聪颖，从刚懂事时，就喜爱书籍。他的家中四壁皆书，书籍堆满了书架，他总爬上爬下地翻看，好奇地询问。随着识的字越来越多，看书问书的兴趣也越来越浓厚，常打开书卷就不停止，吃饭睡觉都不顾。

父母看到祖莹这么"昼以继夜"地闭门读书，担心他累坏身体，就不许他夜间学习，但祖莹以书为命，又怎么能制止得了呢！

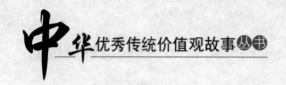

　　为了不惹父母生气，祖莹就瞒着父母在夜间读书。他常把快要熄灭的炉灰，偷偷地搬到自己睡觉的屋子里，把僮仆赶走。等到父母睡着以后，他便把窗户严严实实地挡住，然后拨弄炉灰，让火重新燃烧起来。这样，他就借着火光，重新摊开书卷，尽情阅读了。

　　他这种学习精神传出去之后，人人赞不绝口，都说，祖莹聪明好学，日后必成大器。

　　祖莹八岁的时候能够背诵《诗》、《书》，十二岁时是中书的学生。

　　当时中书博士的张天龙在讲解《尚书》，选祖莹为主讲，学生们都聚集来听。祖莹在夜里读书不觉疲倦，不知道天亮了。老师十分着急地催促他去讲课，他却错拿了住在同一个房间的学生——赵郡李孝怡的《曲礼》卷去听课。博士严厉，他不敢再回去，就把《曲礼》放在面前，背诵多篇《尚书》，不遗漏一个字。

　　祖莹背《尚书》的消息，引起了北魏当权者的注意。于是他被召入宫内，做了"中书学生"。从此，祖莹得到了更好的学习环境，加上他不懈地苦读，他的进步更快了，不仅知识日益渊博，文章也写得很好。后来，祖莹成为太学博士。

　　◆祖莹夜以继日勤奋读书的事例，说明了只要勤奋好学，就能学有所成。

36. 李密挂角

李密，字玄邃，一字法主，汉族，隋京兆长安（今陕西西安）人，隋唐时期群雄之一。

隋朝末年，李密曾给隋炀帝做侍卫。因他生得强悍、英武，脸膛黝黑，目光犀利，隋炀帝看了总是感到不舒服，李密就借故辞退了这个职务，回到家里潜心读书。

李密是个勤奋好学的人，很快就从学习中获得了很大收益。回想起做侍卫的生活，他十分后悔，感到白白浪费了生命。于是他下决心把过去的时间补回来，整日闭门不出，埋头于书本。李密在书的海洋中遨游，尤其偏爱兵书、史书。著名的《孙子兵法》《孙膑兵法》，他几乎倒背如流，甚至连书中的注释都记住了。对史书中的事件他也同样兴趣十足，经常向皇家学堂的老师请教，寻求一些疑难答案。有一天，李密读《汉书·项羽传》，产生了几个疑难问题，就包好书包，准备去找人请教。又一想，这样往返，花在路上的时间不是白白浪费了吗？若是能边赶路边看

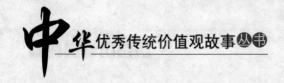

书，不是更好吗！于是，他想出了一个好主意，从牛棚里牵出一头大黄牛，在牛背上铺上一个草垫子。他坐在草垫上，把书打开，挂在牛角上，一手提着缰绳，一手翻着书来阅读。大黄牛走得又慢又稳，看起书来方便极了。正当李密有滋有味地看书的时候，恰巧遇上了越国公杨素。杨素活了这么大年纪，还从来没有看见过如此用功上进的年轻人，就打马追上来攀谈："你是谁家的学生，这么好学？"李密见是杨素，赶紧从牛背上下来施礼，并说出了自己的名字。杨素问他读的什么书，李密回答说："是《汉书·项羽传》。"杨素觉得这个年轻人很了不起，连连称赞。杨素回家后对他的儿子们说："你们几个无论见识和水平都比不上李密，那是个人才呀！"

李密通过刻苦学习，获得了渊博的知识。后来他成为隋末农民起义军的领袖。

◆《三字经》中云：如负薪，如挂角。身虽劳，犹苦卓。李密珍惜时间，刻苦读书的精神，值得我们学习。

37. 苏颋马厩成才

苏颋，字廷硕，唐朝大臣、文学家。

唐代有个叫苏颋的文学家，出生在官僚家庭。父亲在朝里做官，家里生活比较富足，再加上他兄弟姊妹多，于是父亲就在家里办了个私塾（家庭学校）。苏颋生来好学，在他还只有七八岁的时候就开始读书了。

可是天有不测风云，没过几年他就失去了这种优越的学习环境，那个时代，有的人很迷信。在他十几岁的时候，有一天，父亲请来个算命先生，要他给家里的人算算命。当轮到苏颋时，算命先生见苏颋相貌平平，就说他相貌不好，出生的时间也不济，将来会带来灾祸等等。父亲听后，十分心疑，生怕他成为家里的灾星，就渐渐地疏远起他来。后来，为避免灾祸，干脆不承认他是自己的儿子，要他搬出去住。就这样，苏颋被迫住进了马房。马房本来是仆人和马夫的住所。现在苏颋也变成了这个家里的一个被人歧视的小奴仆，再也不能和兄弟姊妹们在一起读书了。苏颋心里十分难过。可他已经尝到了读书的甜头，读书已经成了他摆脱忧郁痛苦的良方。环境的改变并没有

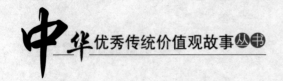

影响他读书的热情，他决心在马房自学。马棚里的居住条件实在太苦，除了搁置几张木板床，一张破桌，就是一副炉灶，到了晚上还没有灯烛，对于一个读书写字的孩子是太不适宜了。所以，几个年长的马夫，总劝他还是听从老爷的训导，回到书房里去住。苏颋却说："在这里，我如鱼得水，舒畅欢快，如出了笼子的小鸟，正可享受自由的天地，为什么还要飞进笼子呢？环境困苦，正可以锻炼人的意志，优越的条件，倒常常让人消磨志气。"于是，他白天坐在破桌边读书写字，晚上，当马夫们辛苦了一天，渐渐睡去后，他就坐到炉灶旁，就着炉火中的剩余柴火的光读书。时间略长，火光渐渐暗了，他就把嘴对着灶口，把火吹得亮一些，继续读书。再暗、就用吹火棍把灰烬拨开，把下边的柴火翻上来，再用嘴吹着，直到炉膛里的火全部熄灭，才停止读书。

几年过去了，他读了许多书，也吃了不少苦，可换取的是视野的开阔和知识的丰收。随着时间的推移，苏颋长大了，他不仅能读书，而且学会了写作。

一天早上，父亲请来的一位客人正在客厅门口等待父亲从卧房出来。这时苏颋正抱着一把大扫帚打扫院子，从兜里掉下了一张纸条。客人上前拣起来一看，是两句诗："指如十挺墨，耳似两张匙"，题目是《小丑奴》。客人觉得这诗写得不错，很会夸张。父亲从房里出来后，客人指着苏颋说："像这样品行端正，毫无怨言，能写会做的孩子，应该好好培养，将来一定很有出息。"

苏颋用自己的刻苦和坚韧，赢得了父亲的同情和怜悯，又允许他和兄弟姊妹们一起去读书了。苏颋深知这机会的难得和可贵，因此更加努力刻苦，在他二十几岁的时候，就已经声名大振，成为有名的文学家了。

◆成才，是人人梦寐以求的。只有好学，才能成才。

38. 李白铁杵磨成针

李白，字太白，号青莲居士，唐朝诗人，有"诗仙"之称，中国伟大的浪漫主义诗人。

李白是唐代杰出的浪漫主义诗人。他的《蜀道难》、《望庐山瀑布》、《朝发白帝城》等脍炙人口的诗篇，是我国人民有口皆碑的佳作。

李白从顽童走向"诗仙"，绝非是轻而易举的事。他小的时候，虽天赋极高，但却十分顽皮，从不肯努力用功。有一次，父亲的一位朋友来家里做客，父亲命李白即兴赋诗，为客人表演。李白不假思索地作了

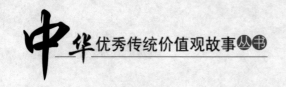

一首，客人听后表示称赞。父亲却执意请朋友实事求是地评点一下，客人无奈，就直言不讳地说："李白很有才，但我看才华有余，学问不足。"

事后，李白向父亲请教如何才能有学问。父亲指着书架对他说："把这些书都读完了，你就有学问了。"李白自然十分渴望自己成为有学问的人，于是就开始阅读家里的藏书。一天，李白又在读书，读的是大诗人屈原的《九歌》。他想通过朗读背下这部作品，可是，一遍、两遍，几遍过后，他还是没有背下来。他有些不耐烦了，抬头看看满屋子的书，简直有些泄气了。"哎，这一年多来，我日夜苦读，才只读完了《史记》和《汉书》；一部《六经》让我费去了二三年的工夫，什么时候才能读完这么多书啊。看来，有学问的人真难做呀！"

正在李白准备打退堂鼓的时候，发生了这样一件事。这一天，李白独自一个人在小路上散步，面对眼前的良辰美景，他欣喜异常，愉快地快要跳起来了。当他信步来到江边时，看见一个老妇人正在一块石板上磨铁杵，李白觉得挺奇怪，就走上前去说："老奶奶，你磨铁杵干什么呀？"老妇人抬头一看，见是一个英俊少年，就告诉他说："我想把这个铁杵磨成一根绣花针。"李白更惊异了，追问道："这么粗的铁杵，什么时候才能磨成针哪？"老妇人笑哈哈地答道："只要功夫深，铁杵可以磨成针。"老妇人磨铁杵的启示，使李白懂得了一个道理：只要肯下苦功，从点点滴滴做起，无论什么事情都是可以办到的。所谓世上无难事，只怕有心人。

从此以后，李白发愤读书，不仅读完了家中的藏书，而且借阅了大量书籍。视野的开阔、天生的聪慧，使李白如虎添翼，终于成为名垂青史的大诗人。每当我们看到他那汪洋恣肆、雄健豪迈的诗章时，就好像看到了蕴藏在他诗章中的才智和学问，看到了他不知疲倦读书求知的身影。

◆只要功夫深，铁杵磨成针。只要长期努力不懈，再难的事也能成功。

39. 陆羽勤学

陆羽，字鸿渐，唐朝复州竟陵（今湖北天门市）人，一名疾，字季疵，号竟陵子、桑苎翁、东冈子，又号"茶山御史"。一生嗜茶，精于茶道，以著世界第一部茶叶专著《茶经》闻名于世，对中国茶业和世界茶业发展做出了卓越贡献，被誉为"茶仙"，尊为"茶圣"，祀为"茶神"。

美国学者威廉·乌克斯在《茶叶全书》中断言：

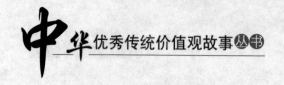

"世界上无人能否认陆羽的崇高地位。"

的确，出生于唐代一个穷苦人家的陆羽堪称饮誉世界、炳耀千秋的中华骄子、一代茶圣。这和他自幼好学、勤奋努力是分不开的。

公元733年，一个秋天的清晨，西塔寺的智积禅师早课之后漫步在西湖之滨。忽然听到不远处有大雁的喧叫声，他走近一看，愣住了：竟有三、四只大雁拍打着翅膀护卫着一个婴儿。他赶走大雁，抱起婴儿，回到寺中，收养下来。

禅师在惊喜之余给孩子算了一卦，得到的结果是"鸿渐于陆，其羽可为仪"。于是，给婴儿定姓为"陆"，取名为"羽"，字"鸿渐"。

岁月如梭，光阴似箭。陆羽在禅师的养育下长到了九岁。

陆羽从一懂事时起就跟着寺里和尚学朗读，对读书很有兴趣。禅师见他念经专心，几次三番劝他皈依佛门。然而陆羽却不想永远在狭小的寺庙里过安稳日子，他向往外面更广阔的世界，一心想读书学儒，做一点对社会有实际意义的事情。

智积觉得徒弟辜负了他的养育之恩，十分恼怒。从此以后，他罚陆羽干重活、脏活，还要他放牛、割草，想以此逼他改变主意。然而，陆羽决心已下，再苦再累也不反悔。相反，繁重的体力劳动反倒更加坚定了他读书学儒的决心。他一有空就读书。放牛时，总是把牛赶到有草的地方，牛吃草的时候，他就可以专心读书、写字了。

有一天，他在放牛的时候，偶尔看见一个过路人手里拿着一本书，就赶忙好言好语地央求这个人借书给他看看。拿过书来一看，原来是汉代学者张衡的《南都赋》。他一看就着了迷，竟然把那个过路人忘在一边儿。那人见他如此酷爱读书，十分感动，就把这本书送给了他。从此，他如获至宝，有空就读，就连放牛归来的路上也不肯放过。

有一天放牛归来，他只顾在牛背上看书，竟不知不觉地骑着牛走进了西塔寺。智积禅师见了，大失所望，知道他不但没有悔改之意，反而越来越背离佛道了，对他大加斥责了一番。

后来，干脆连牛也不准他再放了，专门派了一个小和尚监视他，不准再走出寺院一步。可是谁也看不住他想往读书学习的心。他由衷感谢智积禅师的抚育，但是，为了追求知识他打定主意，决心走出佛门。

有一天，他趁监视他的小和尚有事走开的时候，便毅然决然地离开了西塔寺。

陆羽出寺后，在一次读书时偶然发现一段有关茶叶的记载。陆羽自幼为禅师煮茶，本领很高，于是，他决定下工夫钻研茶叶的事情。

为了了解茶叶的各方面情况，他拜师采茶，跑遍

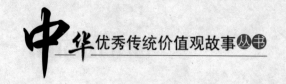

了义阳"五山两潭",作了详细的考察记录,获取大量关于茶叶的第一手资料。二十七岁时,他隐居浙江吴兴,开始闭门著书。在公元765年,他终于写出世界上第一部茶学专著——《茶经》的初稿,又过了五年,才正式出版。

《茶经》一书,极大地推动了茶的知识的传播,"自从陆羽生人间,人间相学事新茶"。为了这部专著,陆羽献出了毕生精力,被人们尊称为"茶神"、"茶圣"。人们为纪念他,在他的故乡天门县城北郊"文学泉"旁还专门建了一座"陆羽亭",直到现在仍保存完好。

◆在中国茶文化史上,陆羽所创造的一套茶学、茶艺、茶道思想,以及他所著的《茶经》,是一个划时代的标志。陆羽的成就与他勤奋好学是分不开的。

40. 柳宗元勤学有为

柳宗元,字子厚,山西运城人,世称"柳河东"、"河东先生"。因官终柳州刺史,又称"柳柳州""柳愚溪",汉族,祖籍河东(今山西省永济市运城、芮城一带),唐代文学家、哲学家、散文家和思想家。一生留诗文作品达六百余篇。

　　唐德宗贞元元年（公元785年）八月，只有十三岁的柳宗元代一位姓崔的中丞写了一篇向皇帝祝贺的奏表，赢得京城长安内外一片赞誉。小小年纪的柳宗元一时间名声远扬，被誉为"少年才子"。

　　小小童子为何能得此奇名？这和柳宗元的家庭教育，他本身的刻苦学习，积累知识是分不开的。

　　柳宗元出生在一个官僚家庭里。父亲柳镇学识渊博，秉性刚强，常用自己的经历教育柳宗元要知书达理，廉洁守志，嫉恶不惧，并为柳宗元起字号"子厚"以表此心愿。柳宗元的母亲卢氏本是大家闺秀，既知书懂理又善良贤惠，培养了柳宗元良好的读书习惯。

　　柳宗元四岁时开始在母亲的教导下读书识字。卢氏常用自己背诵过的古诗赋一句句教儿子诵读。待读得熟了，再开始一笔一画地教他写字以及写作的知识。母子俩每天吃过早饭就坐在室外台阶上学习。柳宗元天资聪颖，又认真肯学，如此日积月累，七八岁时就已经可以写一些短小的诗文了，颇受亲友的赞赏。

　　柳宗元十三岁时，文笔流畅，气势不凡，以至名声传扬四方。但他并未沾沾自喜，而是"颇慕古之大有为者"，仍孜孜苦学，一心要有所作为。他一边用心攻读，一边随父亲做官，在父亲的指导下，更广泛地读书。他几乎所有时间都在父亲的书房里度过：白天，他不停地读、写、抄录，连吃饭都得再三催促；晚上，他和父亲一同学习到深夜，父亲也常为他析难解疑。读书丰富了宗元的知识，他通习"六艺"，文章写得也很有声色了。

柳宗元一生酷爱读书，以读书为乐趣，一朝一夕都与书相伴，无论外出访友，还是晚年卧床不起之时，他的身边都未曾少过书。

柳宗元读书专心致志，总是认真地作读书笔记，并从来不被书本束缚。他认为做学问应尽可能读遍先人所言，但要善于独立思考，不人云亦云，应去粗存精，创造自己的理论，这是他的读书原则。他广涉书海，文、史、经、哲、道等各方面都有所涉猎，仅儒家经史、百家著作，就读了几百卷。如此博览群书，极大地开阔了他的眼界，丰富了他的思想，使他精深过人，见解独到而精辟，让人叹服。同时，他又敢于对《国语》质疑，写出《非国语》一书，成为我国古代哲学和文学遗产中的宝贵财富。

柳宗元爱书如命，十分珍视自己的藏书，也正是这些书籍给了他取之不尽、用之不竭的知识和力量，使他不仅提出了许多有进步意义的文学理论，指导了古文运动，而且创作了大量反映社会现实而风格秀丽独特的诗赋散文，同时，他的山水游记更是清新秀美，情景交融，他还把寓言发展成一种成熟的文学体裁。

"读书破万卷，下笔如有神。"破万卷书的柳宗元一生勤于读书，善于读书，终于因而成为对后世颇有影响的思想家、文学家。

◆书史足自悦，安用勤与劬？贵尔六尺躯，勿为名所驱。出自（唐）柳宗元《读书》。意思是：经书、史册已经足以使你高兴了，何必再那么辛勤地去读那些无用的书呢？人贵在用知识武装自己，不必去为虚名奔波。

41. 郑虔柿叶练字

郑虔，字若齐（一字弱齐、若斋），河南荥阳荥泽人。盛唐著名文学家、诗人、书画家，又是一位精通天文、地理、博物、兵法、医药近乎百科全书式的一代通儒，诗圣杜甫称赞他"荥阳冠众儒""文传天下口"。

郑虔是唐代著名的书画家。早年在皇家图书馆做

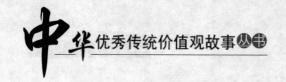

"博士"，负责给皇帝和朝中的官员查找历史资料。由于工作的关系，他有机会阅读了大量的图书，不久，他就产生了一个想法：收集史实，写一部反映当代生活的历史著作。于是他投入了紧张的搜集、编纂工作中。可天下什么怪事都有，他的这个举动竟被说成是"私写国史"。在封建社会私写国史那是"大逆不道"，要被惩处的。因此，郑虔吓坏了，急忙将全部草稿烧毁，以为这样就可避免灾祸了。可他还是没有逃脱被贬的厄运，一贬就是十年。

生活道路上的坎坷并没有使他退缩，他开始全身心地从事自己热爱的书画研究了。为了使自己的书画达到一个更高的境界，郑虔决心苦练一番，可是，又常常陷于无纸的烦恼中。一天，他听说长安附近慈恩寺里贮存了好几屋子柿子树叶，准备第二年烧掉，就灵机一动想了一个好主意：古人不是在蒲草上抄书吗？我为什么不能用柿叶练字呢！于是他就来到了慈恩寺，把自己的想法和寺里的主持说了，主持一听，觉得郑虔是个有志向的人，就满口答应了他，并允许他在寺里住下来，条件是请他给寺里抄写几部经文。

自从住到慈恩寺，郑虔除了按时料理公务外，几乎大部分时间都在寺内用柿叶练字。因此，游慈恩寺的人们常常可以看见一个年轻人伏在石案上专心致志地练习书画，写完这片再换一片，仿佛置身世外。就这样日复一日，写过的柿叶越来越多，几乎可以把他埋起来了。转眼一年过去了，慈恩寺的几屋子柿叶差不多被写遍了。这期间，郑虔磨穿了两个砚台，写秃了几十支毛笔，手指上结起了厚厚的茧。正是凭着这种锲而不舍的刻苦精神，郑虔使自己在诗文、书法、绘画三方面都达到了炉火纯青的艺术境地，成为唐代著名的诗、书、画"三绝"艺术家。

◆ "满山柿叶正堪书"，好学不倦的郑虔，是我们学习的好榜样。

42. 韩干画马

韩干，唐代杰出画家，尤工画马。

唐代有个著名的画马大师叫韩干，他笔下的马个个活龙活现，栩栩如生。曾有人看过他的画之后这样问他："你画马的技艺如此高超，一定是受过名师的指点吧。"韩干听后微微一笑，"是啊，我的启蒙教师倒真的很出名呢，只是恐怕他不肯认我这个弟子啊。"说完，哈哈大笑。

这是怎么回事呢？原来，韩干这里所指的名师不

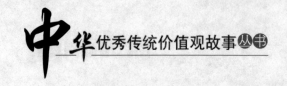

是什么大画家，而是我们生活中的马。

韩干出生在一个贫穷的家庭，为了谋生，他小时便在酒店里当小伙计。酒店每天来来往往许多达官显贵，他们的车和马就拴在酒店门口。韩干时常被吩咐给马加草喂水，渐渐地他就喜欢上了马。他不仅喂马，还常常梳理马长长的鬃毛，抚摸光洁的马皮，甚至和马聊天，他把马当成了自己的朋友。随着对马这种从心底的热爱，韩干产生了把马的形象生动地表现出来的创作欲望。

于是，他常常抓紧干活，留下空余时间观察马、画马。他把脑子里积累下来的大量原始素材融合在一起，用带毛的木棍，在泥地上练习，勾勒马的形象轮廓，再对着真马修改涂抹。

韩干就这样抓紧着一切空闲时间画马，连喂马时也认真观察马的形态、神情，马舔了他的手都毫无知觉。在这样的勤练勤看之下，他画马的技艺一天比一天高超，画出的马形神兼备，生动而神似，人人称赞。

一天，店主派韩干去著名诗人、画家王维家中结算酒账。正巧王维不在家，韩干在院子里等候之时，随手折下一根竹枝，在泥地上画了五六匹马。王维回来后仔细看画成的马，见画的虽有些粗糙，但神态逼真，很有才气，言谈之下得知韩干的学画经过，很为韩干的苦学精神所感动，便决定帮助他。

于是，韩干辞去了酒店的工作，在王维的补贴下继续学画，进步很快。后来，王维又推荐韩干向当时最著名的画家曹霸学习。

天宝初年，韩干被唐玄宗选入内廷做官，并让他向宫内的画马高手陈闳学习画马。但韩干却天天跑到御马厩，对各类马的形体、习性揣摩、研究和写生。有时为了更细致更具体的了解马，他甚至搬到御马厩去住，日夜和马相伴。唐玄宗听说此事，问他："朕叫你向陈闳学画画，你却天天跑马厩，难道是你认为自己的才能已经很好了吗？"韩干答道："韩干深知自己功夫不深，所以才去御马厩。陛下马棚里的马，都是臣的老师啊。"

◆正是由于长期的刻苦练习，实际观察，韩干的绘画才能得到充分发挥。韩干的《牧马图》才能成为不朽的传世名作。

43. 韩愈洛阳求学

韩愈，字退之，唐河内河阳（今河南孟县）人。自谓郡望昌黎，世称韩昌黎。唐代古文运动的倡导者，宋代苏轼称他"文起八代之衰"，明人推他为唐宋

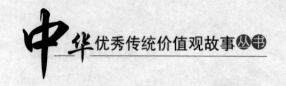

八大家之首，与柳宗元并称"韩柳"，有"文章巨公"和"百代文宗"之名，著有《韩昌黎集》四十卷，《外集》十卷，《师说》等等。

"业精于勤，荒于嬉；行成于思，毁于随。"这是唐宋八大家之一韩愈激励人勤奋学习，独立思考的劝学名言，同时，这也是他一生的准则。

韩愈出生于仕宦家庭，但从小父母双亡，由哥嫂抚养成人。韩家有一些藏书，韩愈七岁时就在嫂嫂辅导下读书，手不释卷，累了就枕着书休息，不完成每天的学习任务就不吃饭、不睡觉，很有股恒劲。这样，随着年龄和兴趣的增长，韩愈读书更加刻苦勤奋了。他从早到晚坐在书案边，孜孜不倦地埋头苦读，连走路吃饭都不忘吟诵诗文、思索问题。这样，他十几岁时就熟读了"五经"及诸子百家的经史典籍，受到孔儒学说的深刻影响。韩愈好读书而又求甚解，每读一篇文章，都要认真思索，做笔记或读后感。他还把所学的文章分成叙事性的和议论性的两大类，采取不同的学习方法。

后来哥哥去世，韩愈家中生活困苦不堪，只有嫂嫂一人承担生活的重担。韩愈常常忍饥挨饿，一边学习一边为家中境况发愁。但这不幸的遭遇，并没有击垮韩愈。他很有志气，上不起学，就自学，每天三更就从床上爬起来读书。十三岁前，他已通读了《论语》《孟子》《庄子》《荀子》《诗经》《礼记》和《春秋》，并熟读诸子百家，自觉训练写作。

韩愈十四岁时，嫂嫂把他叫到身边对他说："我思谋了很久，你应该到洛阳求学。那里有学问的人多，可以开阔你的眼界。"于是，韩愈决定去洛阳求学。在洛阳，韩愈谢绝了一些亲友故人的盛情，租了两间茅屋住下。他节衣缩食，过着清贫但却充实的读书生活。他身穿布衣，每天只吃两顿饭，其余时间都用来读书、访友。有时他读书入迷，要到半夜才睡觉。为了博览群书，他"口不绝吟于六艺之文，手不停披于百家之篇"。即使在冬天，韩愈也舍不得生火取暖，砚台的墨汁结冰了，他就用嘴呵呵气，使冰融化，然后再写；手冻僵了，就搓搓暖热，再写文章；读书读到口干舌燥，就喝口菜汤，继续吟诵揣摩。韩愈苦读、背诵、深思，不断记笔记，提炼纲要，记述历史事件的前因后果，研究并加以分析，把前人写的文章都吃透了。经历了艰苦的学习、实践过程之后，韩愈终于攀登上了文学高峰，成为唐代文坛领袖，并在朝廷做了官。

为官从政之后，韩愈仍勤奋好学，没有一天忘记研究自己的学问。同时，他对做学问持严谨慎重的态度，一丝不苟。

韩愈一生笃志好学，精益求精，并以此教导他的

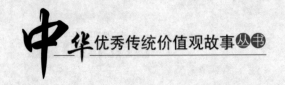

学生晚辈，还在中唐时期，亲自倡导了一场古文运动，提倡创作有实际内容而又有益于社会的诗文，为开创一代新文风做出了极大的贡献，也确定了韩愈在文学史上的重要地位。

◆韩愈的一生是读书做文章的一生，他之所以能成为唐宋八大家之首，名扬千古，绝不是偶然的，而是从苦学苦练中得来的。

44. 周昉作画

周昉，字仲朗，一字景玄，唐代著名画家，擅画肖像、佛像，其画风为"衣裳简劲，彩色柔丽，以丰厚为体"。传世作品有《挥扇仕女图》卷。

唐朝人郭子仪的女婿赵纵，曾经请著名大画家韩干给他画过像，后来又请周昉给他画了一幅。郭子仪把这两幅画挂在卧室里，反复衡量，试图分出高低，可看来看去，总是分不出。恰巧赵纵的妻子回娘家来，郭子仪便指着画问道："这两张画画的是谁？"

"赵郎。"

"哪个最像?"又问。

"都像,后面的更好。因为前面的只画出了赵郎的状貌,后面的却画出了赵郎的性情和谈笑的风度。"

后面的一幅,正是周昉画的。

周昉的画能超过当时驰誉遐迩的大画家韩干,有两个诀窍:一是作画态度认真;二是每作画,必广泛征求别人的意见。唐德宗曾命令他画章敬寺的壁画,他冥思苦想,甚至在梦中也进行构思。为了把画画好,画草图时,他就撤去帐幕,欢迎群众指点。章敬寺接连京城的东门,各界人士,熙来攘往,看了周昉的画,议论纷纷,有的称赞它的妙处,有的指摘他的缺点。周昉把这些议论暗暗记在心里,对作品不断进行修改。这样整整过了一个多月,画稿越改越好,观众的意见也越来越少,直到最后谁也挑不出毛病了,才按照改定的草图,一口气画下去。

画成以后,凡看到的人都赞不绝口,被推为第一流的作品。

◆一个人要想实现自己的理想,必须积极进取,虚心听取别人的意见,才能更快地到达成功的彼岸。

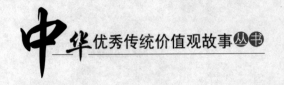
45. 白居易作诗

白居易，字乐天，晚年又号香山居士，河南新郑人，我国唐代伟大的现实主义诗人，中国文学史上负有盛名且影响深远的诗人和文学家。

白居易是我国唐代杰出的现实主义诗人。还在他很小的时候，就十分喜欢诗歌，刚刚九岁，已经完全懂得了声韵。后来，父亲送他去上学，他常常一个人住在书房里，无论春夏秋冬，每天都早早起床，当太阳照到西墙上的时候，他已经读了很多书。有一次，家人给他送来中午饭时，他才想起自己还没吃早饭，觉得肚子饿了起来。

他不但学习刻苦，作诗的态度更是严肃认真，每作一首新诗，都要不断地进行修改，直到改得满意为止。传说北宋诗人张耒曾买到过一部白居易的诗稿，上面满是涂改的痕迹，有些诗的初稿，几乎改得不留一字。白居易改诗，和别人不一样，从不一个人自己改，而是把诗稿拿给朋友们看，共同进行商讨，虚心听取别人意见，然后痛加删改，以提高诗歌创作的质量。他说，这种办法可以防止"私于自是，不忍割

裁"的毛病。据宋朝人写的《冷斋夜话》（卷一）和
《墨客挥犀》记载，白居易每作一诗，先读给那些上了
年纪的老年人听，读完便问听懂没有，如果听不懂，
马上进行修改，直改到能听懂为止。所以，他写的诗
歌最大的特点就是通俗易懂，很少堆砌词藻，穿凿晦
涩。他主张"文章合为实而著，歌诗合为事而作"，也
就是说，文章要反映与国家、人民的利益有关的事
情，达到变革现实的目的。从这个目的出发，白居易
辛勤地写诗，"劳心灵，役声气，连朝接夕，不自知
苦"，以至于有时口舌都长起了疮，手肘都磨起了茧，
被不了解他的人讥为"诗魔"。

◆我们要学习他不怕困难的精神，学习他刻苦努
力一步步向成功迈进的精神。

46. 贾岛苦吟

贾岛，字浪（阆）仙。河北道幽州范阳县（今河
北省涿州市）人。早年出家为僧，号无本。自号"碣
石山人"。中唐著名诗人。

贾岛是我国唐代一位很重要的诗人。他出身寒微，以至于长大以后生计无着，不得不出家当了和尚。贫穷的家世，枯寂的庙宇生活，养成了贾岛不慕名利、孤僻冷漠的性格。他作诗以"苦吟"著称于世，把诗当作生命："一日不作诗，心源如废井。"（《戏赠友人》）并且创作态度极端认真，常常为一个字反复进行推敲、琢磨，有"两句三年得，一吟双泪流"的美称。

相传有一天贾岛在马上吟得"鸟宿池边树，僧推月下门"两句诗，觉得很满意，但又打算把"推"字改为"敲"字，一时决定不下，就用手作推、敲之势，不觉"神游物外"，连马也忘了驾驭，误闯入一队人马中去。当他被押到一位官员的马前时，才如梦初醒。碰巧，这位官员竟是韩愈。韩愈听贾岛诉说了原委之后，立马良久，说道："'敲'字好，敲不仅有动作，而且有声音。"贾岛采纳了韩愈的意见，把"僧推月下门"，改成了"僧敲月下门"，于是两人并驾而行，结成了"布衣交"。

还有一次，贾岛骑着毛驴横穿马路，眼见秋风扫落叶，顿时诗兴大发，当即吟诵道："落叶满长安"，接着第二句也立刻出现脑海："秋风吹渭水"。正在贾岛为第三句冥思苦想之时，座下之驴受到锣声惊吓，疯狂向前狂奔，结果冲撞了京兆尹刘栖楚的仪仗队。刘栖楚一看，真是太可气了，这起交通事故居然源于一只驴。再看驴背上的主人，目光呆滞，行为怪异，以为是刺客，就下令将"犯罪嫌疑人"贾岛拘了一夜。

正是这种苦吟精神，使贾岛的诗歌创作具有独特的艺术风格，并且在中国诗坛上取得了自成一家的地位。

◆我们要学习贾岛做学问的认真态度和刻苦钻研的精神。

47. 李贺呕心沥血

李贺，唐代著名诗人，河南福昌人。字长吉，世称李长吉、鬼才、诗鬼等，与李白、李商隐三人并称唐代"三李"。

李贺是唐代著名诗人。他在二十七岁的时候就夭折了。由于他的诗歌格调比较低沉，经常运用鬼、泣、死、血等字眼，加之天才早逝，所以，后人称之为"鬼才"李贺。

说起李贺，人们不禁联想到他"黑云压城城欲摧"，"天若有情天亦老"，"雄鸡一声天下白"等著名诗句。这些诗句之所以成为千古流传的佳句，是李贺诗歌创作呕心沥血的结果。

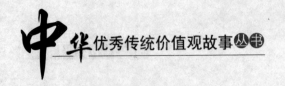

　　李贺幼年即聪明好学，七岁时就已经会作诗了。因他的诗别致而有思想，所以名震京师，就连韩愈和皇甫湜这样的大文学家都为之震惊。为探个究竟，一天，他们二人骑马来到了李家。出门迎接的是一个扎着羊角辫的小男孩，他就是小李贺。韩愈和皇甫湜一见李贺，十分喜爱，说："我们听说你的诗文作得不错，能不能当场给我们表演一下？"李贺愉快地接受了韩、皇二人的面试，当场欣然命笔，一挥而就，一首《高轩过》令人惊叹不已。可这一挥而就的背后，却是长期勤于书卷、刻苦用功的底蕴。

　　李贺为使自己的诗章言之有物，以情感人，常常是起早贪黑地琢磨。每天他都早早就带着书包和书童上路。一路上的见闻都是他的好素材，每当发现参考价值很高的事物就记录下来，投入书包里。就这样走一处，记一处，待到晚上回来，再把白天记在卡片上的事整理成文，放入另一个袋子里，以备采用。　　日复一日的采风、苦吟，使李贺日渐清瘦，母亲见了十分心疼，可又无可奈何，便怜惜地说："你非要呕出心来不可呀！"

　　李贺是唐宗室的后裔，但到他那时，已经没有什么经济上的保障了，有时竟不免于饥寒。穷愁潦倒的压抑，使他更刻意追求艺术上的创新。李贺的诗歌创作浸透着他的全部心血。为了使诗句精炼而又内涵丰富。他总是搜肠刮肚地揣摩、推敲，直至满意为止。或许是劳累过度的缘故吧，李贺年纪轻轻就体弱多病。也许正是"呕心沥血"才有奇才李贺。

◆李贺的故事告诉我们，天赋再好也需要后天的勤奋努力。做文章不能凭主观想象，而是要仔细观察生活、体会生活。

48. 韩建认字

韩建，字佐时，河南许昌人。唐末割据军阀，以勤政爱民流名后世。

韩建出生在唐朝末年的一个贫苦家庭。当时战乱频繁，社会动荡不安，人民流离失所。

出身贫苦的韩建根本就没有机会和条件去读书。已经很大了，斗大的字认不了几个，很不方便。于是他下决心从头学起，为了随时随地学习，充分利用时间，提高学习效率，他想了一个简捷的办法，请人在案上写上个"案"字，床头写上个"床"字，碗底写上个"碗"字，凡是常用的，常接触的东西，都写上各自的名称，以便随时随地学习。就这样，日积月累，积少成多，过了一两年，逐渐能够读懂一些浅近

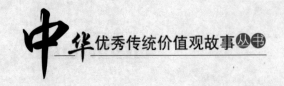
的书籍了。

有一天，他发现了一部名叫《玉篇》的工具书，用它来查找生字，很快就能查到，便高兴地说："我按照部首查字，任何难字都能查到，还有什么清除不了的障碍呢？"从那以后，韩建就利用这本工具书进行学习，一有时间，就拣起来翻阅，碰到拿不太准的字，马上用它进行核对，认认真真，一丝不苟，时间长了，不但认识了不少生字，而且掌握了"反切"这种拼音方法。

韩建在很短的时间内阅读了许多历史及其他著作，不但增长了知识，而且增长了才干，从中吸取了许多历史的经验教训。后来他做了华州（今陕西省华县）刺史。在他做官期间，常常督领着农民披荆斩棘，开辟荒地，从事生产，还经常出入乡里，了解民间疾苦。在那个动乱的年代里，做高级地方官的，一般都是不学无术的军阀，作威作福；只有韩建好学不倦，既懂得治兵，又注意安抚群众。这在很大程度上受益于他的勤奋好学。

◆天才在于学习，知识在于积累。

49. 荆浩学画

荆浩，字浩然，生于唐朝末年士大夫出身，后梁时期因避战乱，曾隐居于太行山洪谷，故自号"洪谷子"。中国五代后梁画家，博通经史，并长于文章。

荆浩是五代后梁时的著名画家，年轻时因逃避战乱，隐居在太行山洪谷埋头学画。有一天，他迷了路，走到一个乱石林立的峡谷里，只见谷底小溪清澈，古松苍天，便摊开画纸作起画来。从此以后，他天天练习写生，画艺不断提高。第二年春天，荆浩又去那个峡谷作画，路上碰见两个衣着简朴的老汉。老汉见了荆浩，亲切地对他说："你又来作画呀"。"嗯！"荆浩少年气盛，见老人像个山野老农，只答应了一声，就走了。"你知道画法吗？"老人并不生气，拄着拐杖跟在荆浩身后问。荆浩以为老人轻视他，很生气，说："画画嘛，画得像就好。""你说错了。"老人感叹地说："我见你天天到此临画山景，风雨不停，精神很可嘉。但你只能画外形，那怎么行呢？画者，刻画也，要深入领会描画对象的特征和精神实质，才能形神兼备，精巧入微啊！"荆浩听了老人的议论，大吃一惊，忙问老人姓名，以便登门求教，谁知

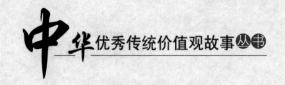

老人笑了笑，便飘然而去。

从此，荆浩虚怀若谷，广泛听取别人的意见，又吸取各家所长，独创一格，终于成为有名的画家，被后人尊崇为山水画的宗师。他自己也终身忘不了那位不知名姓的老人。

◆虚心向别人学习，才能取得进步，这是自古以来不变的真理。

50. 钟隐拜师

钟隐，字晦叔，天台（今浙江天台）人，五代南唐画家，以其隐于钟山遂为姓名。

钟隐是五代南唐画家，擅长画花草禽鸟。他笔下的事物个个形象逼真，形神兼备，很受后世推崇。

钟隐很小的时候就喜欢画画，并善于向别人求教，吸取别人的长处，完善自己的不足，即使只有一笔画，他也会虚心地请教，认真地学习。

有一次，钟隐听说在一个十分偏远的山村里，有一个名叫郭乾晖的人，画花鸟画得特别好，尤其是画鹰鸶雀鹞，简直跟活的一个模样。于是钟隐决定去拜他为师，向他学习画花草鸟兽的技术。

然而，郭乾晖性情乖僻，固执保守，轻易不肯见人，他的作品也很少展示给别人观赏，就连他平时作画也常躲着外人，不愿自己的作画技法被外人学去。

钟隐走了很远的路，历尽艰辛来到郭乾晖隐居的山中，本来满心欢喜终于寻到名师，可发现郭乾晖有如此怪癖，很难向他讨教，心中很失望。但钟隐学画决心已下，且求学心切，就想了一个办法。

他装扮成一个穷苦的书生，把自己卖给郭乾晖做奴仆，每日扫地洗衣，捧水上茶，可以借接近郭乾晖的机会，乘机窥视他作画。钟隐本是富家子弟，从未做过如此粗重的事情，但为了学画，他也并不在乎。

过了几日，郭乾晖发觉钟隐不像是穷苦出身、做惯粗活的下人，几经询问，终于知道了事情的真相。郭乾晖虽说性情怪异，也不禁被感动了，说："公子如此年轻有为，为了学画竟然可以屈身为奴，老夫实在羞愧难当啊。公子的心思，老夫知道了，实感钦佩，世上像你这样勤学的人，实在少有，你一定可以有所作为，大展宏图。老夫不才，愿破例收下你这个门生，这也是老夫的福分啊。"

从此，郭乾晖毫无保留，把自己画花鸟的全部技

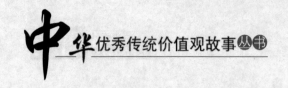

艺都教给钟隐，钟隐终于如愿以偿，得到名师指点，更加刻苦发奋，终于成为著名的画家。

◆ "满招损，谦受益"。一个好学的人，必是一个谦虚的人，"虚心使人进步，骄傲使人落后"是也。

51. 苏洵大器晚成

苏洵，字明允，号老泉，汉族，眉州眉山（今属四川眉山人）。北宋文学家，与其子苏轼、苏辙合称"三苏"，均被列入"唐宋八大家"。苏洵长于散文，尤擅政论，议论明畅，笔势雄健，有《嘉祐集》传世。

"苏明允，二十七，始发愤，读书籍。彼既老，犹悔迟，尔小生，宜早思。"

这是《三字经》上的几句劝学警句，这里的苏明允就是宋代著名散文家苏洵。这几句话以苏洵读书历程中的一段发人深思的故事勉励少年珍惜时间，从小立志，早早发愤读书。

少年时的苏洵兴趣广泛，琴棋书画、骑马射箭，样样喜欢，读书反而并不太下工夫。他又喜欢交友，常结伴出游，因此美好的年华都用到玩乐上了，书却读得一知半解。

二十七岁那年，苏洵参加省试，榜上无名。这次失败使苏洵彻底清醒了，他回想过去的生活，感到时光无情，自己已快要步入而立之年，却一事无成，心里十分悔恨，决心从此发愤读书。

然而，他基础太差，虽然苦读一年，进步却不大。第二年他投考进士，再一次名落孙山。考场上的再次失败促使苏洵想了很多，他深深感到自己功底的确差得很远。

然而，他并没有一蹶不振，而是更加发愤，更加刻苦。他清理出自己过去所写的几百篇文章，毫不犹豫地燃火焚烧，以表示自己刻苦再学，从头开始的决心。

此后，苏洵每日早起晚睡，专心苦读，再不轻易动笔写文章，他不下百遍地诵读《论语》、《孟子》和韩愈的著作，边读边做笔记，从不太懂到体会清楚直至完全把握作品的精神实质和风格特点，毫不懈怠。

经过七八年持之以恒的努力，苏洵弄通了经典著作和百家学说，学业突飞猛进，也为日后的写作打下了深厚基础。他开始在家乡一带稍有名气，人人另眼相看。

但这时的苏洵依旧勤奋不辍，伏案钻研，有时远游求师就学，弥补自己的不足。

功夫不负有心人，经过几十年的艰苦奋斗，苏洵精通各家学说，博学多才，运笔自如。

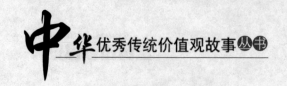

他写出了许多有价值的散文，其中二十二篇首先由器重才学的欧阳修、韩琦等推荐给朝廷，被任为校书郎并参与《太常因革礼》的编撰工作，从此，朝廷上下，京城内外争相传阅，赞不绝口，一些文人学士也竞相仿效。苏洵终于晚学成材，名震于世，成了世人仰慕的文学家。

苏洵与其子苏轼、苏辙同为北宋著名文学家，世称"三苏"。

◆人生不论处在什么年龄段，发奋学习总会受益匪浅的。学习是人生永恒的主题。

52. 胡瑗苦学成才

胡瑗，世居陕西定堡，人称"安定先生"，中国北宋学者。理学先驱、思想家和教育家，为"宋初三先生"之一。

宋代人胡瑗，生于小官吏家庭，七岁便跟随父亲学写文章，十三岁便能读通《五经》。读书学习使他懂得了许多道理，并立志向古代圣人学者学习。

青年时代，他不顾家境艰难，毅然与几个好友一道上泰山读书。泰山环境幽雅、寂静，无疑是个读书的好地方。在这里他不分昼夜，翻遍了儒家经典，把经史百家读得滚瓜烂熟。在泰山读书，一坐就是十年，有时难免思念家乡和亲人，但他十分注意克制自己，每次收到家信，只要看到有"平安"二字，便把信丢入山涧，不再细读，怕的是因此而分散精力，受到干扰。这样刻苦坚持了十个春秋，胡瑗终于学成而归了。

为了从事自己热爱的教书事业，胡瑗不慕功名，潜心钻研。在苏州设馆授徒后，由于他学识渊博，诲人不倦，慕名而来者甚众。他以自己的言传身教，赢得了学子的爱戴和朝廷的重视，被召任太学学正。少数人对他这个没有功名的学正表示怀疑。一天，为了向人们证实自己的才学，胡瑗亲自登台讲授《易经》。他凭着自己对《易经》的理解和领会，娴熟地阐发了自己的解说。精彩、透彻、言简意赅地讲解，使在场的人无不为之倾倒、钦佩。

作为教育家，胡瑗十分注意培养学生全面发展，音乐、绘画、礼仪，都是他授课的内容。他要求学生们随时接受各个方面的教育和熏陶。由于他教育有方，学生们修养好，所以，无论在何地的太学生，都受到刮目相看的礼遇。一时间太学生的名声大噪。

胡瑗几十年如一日，学而不厌，诲人不倦，在太

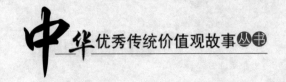

学的七年时间里，他培养了数以千计的学生，当他因病返归故里时，送别的学子竟长达百里。由此可见，人们对这位毕生与书卷为伴的教育家的崇敬。

◆致天下之治者在人才，成天下之才者在教化，教化之所本者在学校。

53. 宋祁改"癖"

宋祁，字子京，北宋文学家。与兄宋庠并有文名，时称"二宋"。

宋祁是我国宋代的大学问家，写文章爱用冷僻的字词，比如"蓬生麻中，不扶而直"本是很好懂的句子，他偏偏要改为"蓬在麻不扶而挺"，用"挺"来代替"直"字，结果反而使好懂的句子变得不好懂了。后来，宋祁参加了编修《新唐书》的工作，仍然改不了这个老毛病。当时，欧阳修也参加《新唐书》的主编工作。他看到宋祁爱用冷僻字，就很想提出来，但考虑到宋祁比自己大二十多岁，是自己的长辈，不好直说，就始终没有开口。宋祁当然没意识到自己的毛病。

有一天，欧阳修去探望宋祁，赶巧宋祁不在，他灵机一动，便在门上写道："宵寐匪贞，札闼洪休。"随后，就在附近散步。

宋祁回来，瞧见门上的字，问道："谁在门上乱画？"

"啊，我写的！"欧阳修赶上前去回答说："对不起，把你的门弄脏了。"

宋祁见是欧阳修，转怒为笑，说："永叔先生来了，失迎，失迎。"他本来是个爱用生僻字的老手，这回望着门上的字，一时也闹不清什么意思，于是问："你写的是什么意思？"

"怎么，你忘了？"欧阳修笑笑，说："这八个字就是'夜梦不详，题门大吉'！"

宋祁恍然大悟，过了一会，不以为然地说："你就写'夜梦不祥，题门大吉'好了，何苦用这种冷僻字眼呢？"

欧阳修哈哈大笑，说："这就是您老修唐书的手法呀！'迅雷不及掩耳'，多明白，您却写什么'迅雷不及掩聪'，这样写出来的史书谁能读得懂呢？"

宋祁的脸红了，感到很惭愧，也很感激欧阳修对他的启发。从此以后，他就改掉了惯用生僻字的毛病。

◆只要你虚心接受别人的意见，就能改正自己的缺点。

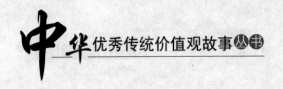
54. 欧阳修锤章炼句

欧阳修，字永叔，号醉翁，又号六一居士。谥号
文忠，世称欧阳文忠公，北宋卓越的文学家、史学家。

北宋年间的一天，在庐陵的一个庭院里，一位母
亲正在用荻草秆在沙地上教一个男孩认字，这母子二
人就是"画荻教子"的欧阳修和他的母亲。

欧阳修是宋代伟大的散文家，著名的唐宋八大家之
一。他四岁丧父，孤儿寡母生活十分艰难。母亲为了让儿
子读书，想尽了办法。从能读书起，欧阳修就向亲友和邻
里借书读，每遇到精彩章节，就抄录下来。天长日久，他
的作文能力越来越强，常常是一挥而就，下笔如神，就这
样，他仍不放过任何一次训练的机会。

一次，有个叫钱惟演的人，在洛阳修了一座驿
舍，建好以后，他分别请了欧阳修、谢希深、尹师
鲁三位当时的文章大家，请他们每人为驿舍写一篇
记。经过仔细揣摩构思后，三人挥毫作文，很快每个
人都拿出了自己的得意之作。谢希深写了七百字，欧
阳修写了约五百字，尹师鲁只写了四百字，而且都叙
事完备，结构严谨。堪称三者中的魁首。

欧阳修看到尹师鲁的文章胜自己一筹，十分羡慕，同时又不甘落后。事后，他提上酒，去拜访尹师鲁，与他共同探讨作文的方法。不知不觉一夜过去了，通过讨论，欧阳修明白了自己文章的弱点是"格弱字冗"，为了吸取教训，他随即将原来的文章进行了字斟句酌地修改，改后的文章不仅字数少，而且结构完整精粹。尹师鲁见欧阳修改后的文章比自己的还精炼，十分感慨。他说："欧阳修的进步，真是一日千里啊！"

欧阳修为使文章写得更简洁，经常寻找机会练笔。曾经有过这样一件事：有一回，欧阳修与同伴出游，正当他们被一路上的山光水色陶醉时，忽然，见大路上一匹脱缰的惊马在狂奔，恰巧这时前方远处一条狗正站在道路中央。飞驰的马踏死了躲闪不及的狗。欧阳修和同伴们觉得这惊险的一幕，是个练笔的素材，就商定就此事每人写段文字，看谁将这件事情记得既完整又扼要。当下，有人脱口道："有犬卧通衢，逸马踏而死之。"欧阳修立即表示太啰嗦了，于是，只用了六个字便说明了这件事："逸马杀犬于道"。这虽是件小事，却足见欧阳修语不惊人死不休的求实精神。

经过长期的实践、摸索，他总结出作文需"三多"，即多读、多练、多交流。事实证明这"三多"的确是作文的关键。欧阳修正是得益于这"三多"。即便是公务繁忙，也没有忘记诗文创作。尤其是他善于利用零星时间，马上、枕上、厕上都是他进行锤章炼

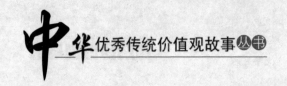

句，琢磨钻研的好时机。不仅如此，他还十分注重推敲已成文的作品。每作完一篇，便挂在墙上随时更改，直至满意。

一天，他将已写好的《醉翁亭记》拿出来修改。这篇文章的开头关于滁州地理环境的描写，用了几十个字，显得拉杂，他很不满意。为了使其精炼概括，他反复推敲，终于找到了极富概括力的五个字："环滁皆山也"。完成了这篇文章的开篇。

欧阳修这种一丝不苟的学风，一直保持到晚年。为使自己的文章不被后人耻笑，他逐篇修改加工，直至凝练概括为止。

◆文章须做到文字简洁平易，内容深刻含蓄，才能成为佳作。

55. 范仲淹划粥苦读

范仲淹，字希文，汉族，苏州吴县（今属江苏）人，世称"范文正公"。北宋著名的政治家、思想家、军事家和文学家。

范仲淹是北宋时期著名的政治家和文学家。他出生在苏州，两岁时丧父，随母亲改嫁，生活艰苦贫困。十岁时，母亲把他送到当时的醴泉寺读书。

范仲淹学习很刻苦，常一个人伴灯苦读，直到东方欲晓之时才休息一小会儿。为了节省时间，集中精力学习，他每天煮一锅粥，放凉、凝冻之后，用刀划成四块，早晚各取两块，就着咸菜吃下，并不烧火炒菜，吃完了接着埋头读书。

寺里的僧人见他如此苦学，非常佩服，问他为什么这样不顾艰苦，发奋读书，范仲淹答道："如果不读书，只贪图享受，那样的生活又有什么意义呢？"

寒来暑往，范仲淹在寺中一读就是几年，学业大有进步，但他并不满足，渴望离开偏远闭塞的醴泉寺，到更广阔的天地里求师访友，开阔眼界，广泛摄取知识，以成就一番大事业。于是，他独自一人，风餐露宿，风尘仆仆来到南京，进入思慕已久的南都学舍。

在这里，范仲淹感觉眼界大开，既有众多名师，又有可以切磋的同学，书籍更是满架，他于是更加如饥似渴地学习起来。

范仲淹在南都学舍依旧"断齑划粥"，埋头苦读。同学中有个南都留守的儿子，看到他忘我攻读，每天只吃粥和咸菜，很受感动，回家告诉了父亲，留守很欣赏仲淹的精神，并让人给他送去许多酒菜。然而几

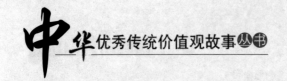

天之后，留守的儿子发现食物都腐烂了，仍原封未动。他不仅责备道："你为何如此清高？难道是怀疑我父亲别有用心吗？"

仲淹忙谢罪道："令尊的厚意我很感激，只是我已习惯于粗茶淡饭，如果养成贪吃的毛病，以后吃不得苦，又怎么能有所作为呢？"

就这样，范仲淹昼夜苦学，备尝艰辛，最穷困时两顿粥都吃不上，但他从不懈怠，为了抓紧时间，甚至五年未曾解衣就枕。滴水成冰的冬夜，实在困倦不堪，就用冷水浇头，继续学习。

艰苦生活的磨练，勤奋刻苦的学习，不仅使范仲淹获得了广博的知识，也培养了他俭朴的生活作风，为他做官后关心民间疾苦打下了基础，并初步树立了他那"先天下之忧而忧，后天下之乐而乐"的远大志向。他终于成为才学过人的学者，忧国忧民的政治家。

◆身居显贵之后的范仲淹仍廉俭砺志而求真，他常如此教育儿女，一个人，尤其在青少年时期，千万不能贪图安逸，否则，就会缺乏进取心，难以成功。这也正是范仲淹一生的准则，是值得我们学习和思考的。要想达到自己的目标，就要像挖出井底的水一样，需要坚韧的耐心和持之以恒的精神。

56. 苏轼的读书法

苏轼，字子瞻，又字和仲，号东坡居士。眉州眉山（今属四川）人。与父苏洵，弟苏辙合称三苏。北宋文学家、书画家。

宋朝大文学家苏轼借用《孙子兵法》中的"八面受敌"、"以众击寡"语言来概括一种读书方法：即"八面受敌"的书，"以众击寡"的读。

苏轼的勤奋好学在当时是很出名的。他读书历来讲究深钻细研，常常边读边抄边背诵，在抄写中不断加深理解。他最反对"一目十行，不假思索"，后人常把"多读、熟看、手抄、深思"总结为苏轼读书学习的要领。

一次，有位朋友去拜访苏轼，很久之后苏轼才出来迎客，并道歉说："刚才抄了一点《汉书》，失礼了。"客人大为惊讶。苏轼于是继续说："我已经是第三遍抄《汉书》了。第一遍我每段只抄三个字为题，就可以记忆全段；第二遍每段只抄两字就行；现在只抄一个字就足够了。"客人取过苏轼的抄书笔记，任选一字发问，苏轼都能一字不差地背出整段文章，并可以讲解。

苏轼的这种治学态度和独到的功夫，让世人赞叹

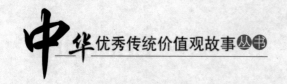

不已。他在散文、诗词、书法、绘画方面无一不精，渊博的学识也备受人们羡仰。当时，登门求教于苏轼，请教治学经验的人络绎不绝。苏轼几番思考，终于根据自己长期的切身体会，总结出一种读书方法："八面受敌"，"以众击寡"。通俗地解释就是：一本书往往内容丰富，头绪多，好比"八面受敌"。而只要专心的一遍遍地读，一个问题一个问题分别理解，"以众击寡"，最终一定会把全书都弄通读懂。

后来，苏轼在给一位应考学生的回信中再次具体地阐述了这一读书方法，这封信的题目是：《又答王痒书》。

信中说：古往今来的书各种各样，浩如烟海，即使一本书的内容也繁复纷杂。然而人的精力有限，不可能全部阅读。因而，善于读书的人，就应当根据自己的需要，有的放矢地猎取知识。每次读书，专心于解决一个或几个问题，从一个角度阅读，不同时考虑别的方面。研究别的问题，也这么一遍遍专攻。这样一遍遍读书，虽然表面上很笨拙，但各方面知识都掌握得牢固，运用起来也应对自如。这一读书方法比那种漫无目的，泛泛而读的方法要有效得多。

苏轼在这封信中用兵家语言比喻读书：如果"八面受敌"，就不应"八面出击"，而应集中优势兵力"各个突破"，"以众击寡"，最终取得读书的胜利。

苏轼几十年采用这种方法读书，学得扎实的知识功底。他读《汉书》三遍，每次目的都不同。第一遍学习"治世之道"；第二遍学习用兵方法；第三遍研究人物和官制。"书读百遍，其义自见"，数遍之后，他对《汉书》的各方面知识就有了全面的掌握和理解。

苏轼的这种读书方法，影响深远，可谓是"读书的绝妙方法"，而他自己也受益匪浅。绝妙的读书方法、刻苦的攻读极大地丰富了他的知识素养，并最终奠定了他在文学史上的特殊地位，被誉为北宋时期的全才作家。

◆这种读书法可以概括为两点：一是每次读书都要有明确的目的；二是不要分散精力，注意力必须高度集中于一个方面。

57. 司马光刻苦治学

司马光，北宋政治家、文学家、史学家。他主持编纂了中国历史上第一部编年体通史《资治通鉴》。

司马光是我国北宋著名史学家。他自幼聪明过人。七岁时就能比较清楚地讲解《左氏春秋》了。在

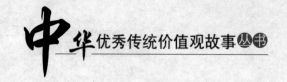

兄弟们中间，他是最用功的一个。不论盛暑严寒，从不放松对自己的严格要求。每上完课，兄弟们纷纷跑开了，唯有他独自留在教室里，认真复习老师讲过的内容。直到读得滚瓜烂熟，并能一字不漏地背诵为止。他觉得：读重要的书，不可不背诵。因为只有背诵，才能利用一切空闲时间，比如骑马赶路的时候，或者半夜里睡不着觉的时候，一面默诵字句，一面揣摩它的意义，这样，自然得益多，进步快。

他自己几十年中就是这样手不释卷，如饥似渴地学习的。为了使自己能全部身心投入学习，他想尽了一切办法。在卧室里，除了放卧具和图书外，其他东西一律不放，这样可以防止分散精力，影响学习。他睡觉时用的是"警枕"，也就是用圆木做枕头，由于圆木易滚动，只要稍微移动或翻身，圆木就会从头上滚走，这样就可以很快醒来，不会睡很长时间。

司马光几十年孜孜以求，不仅酷爱学习，而且十分珍爱图书。他藏书万余卷，每册都保管得像新的一样。每年他都把书搬出来，在太阳底下晒两次。他看儿子读书时，用指甲抓书页，非常生气，对儿子说："做生意的人要多积蓄一点本钱，读书人就应该好好爱惜自己的书籍。"我们透过司马光酷爱书籍这一点，可以想见他对知识的尊重和渴望。

为编修《资治通鉴》，他呕心沥血，废寝忘食。每天晚睡早起，二更才安歇，五更就又起身。一日三餐总得再三催促才肯进食。长期的劳累使他齿落目昏，骨瘦如柴，可是他仍一丝不苟，每天经他手修改的稿子一丈多长，从没有一个草字。为潜心编修，他排除万难，克服了种种困难。他的书房低矮狭小，夏季气温高，空气不易流通，坐在里面一会儿，便通身大汗，有时流下的汗水将书稿都打湿了。为了解除这扰人的燥热，他请来工匠，将书房地中心挖了一个大深坑，再用砖砌上，这样就修成了一个简易"地下室"。有了它，冬暖夏凉，再也不用为暑热滞学发愁了。

司马光几十年勤于书卷，建树颇多。除《资治通鉴》外，有《涑水纪闻》十六卷，《司马温公传家集》八十卷，《稽古录》二卷等。

◆司马光的"书不可不成诵"、"咏其文、思其义，所得多矣"等观点，确是学习的准则。

58. 刘恕抄书

刘恕，字道原，筠州（即今江西高安）人。《资治通鉴》副主编之一，以史学擅名。

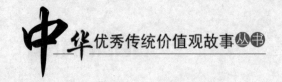

刘恕自幼勤奋好学，一生治学严谨。晚年重病卧床，仍孜孜不倦地刻苦钻研。

刘恕是北宋时的史学家，传说他少年时就聪明过人，有读书过目成诵的美誉。在他八岁那年，家里请客，有位客人说孔子没有兄弟，他当即引用《论语》中的话回答说："以其兄之子妻之"，使在座的人十分惊讶。

刘恕的聪颖，是和他博览群书分不开的。还是在他十三岁的时候，仅用一个多月的时间，就读完了《汉书》和《唐书》。那个时候，刘恕家里比较清贫，家中藏书不多，为读到一本好书，他时常不惜跑几百里路去借。有这样一件事：刘恕听说亳州宋次道家中藏书很多，可是路途较远，去一次很不方便，为了读书，他还是坚持去了。宋次道知道他专程来借书后，很为他的精神所感动，便设宴为他接风。刘恕却说，我远道而来是为了借书，吃饭不是我来的目的，还影响我看书，请撤下去吧。宋次道听后，更加喜欢他了，把家中所有的书都拿出来给他看。从此以后，刘恕在宋次道家昼夜手抄口诵，一气读了十几天，直到把所有的书都读完了，才告辞离去。他读书数量之大，范围之广，是惊人的，不仅博览前世史籍，对历数、地理、职官、族姓、历代公府案牍等，都取来进行审正，甚至连闾里的私记、杂说，都精心研究。由于他知识广博，才华出众，在当时很有名气。

治平三年（公元1066年），宋英宗下诏编修《资治通鉴》，刘恕受诏与司马光共同从事这项工作。此后，尽管他的官职几经变动，但编修《资治通鉴》的工作一直没有间断过。王安石变法后，刘恕因与王安石政见不一，辞官回家，从此以后，他就专心于修史工作。

在编修《通鉴》的过程中，为了讨论有关编书的事宜，刘恕不惜跋涉水陆几千里去找司马光，共同商讨研究。他的这种治学精神，使司马光很受感动。这时的刘恕，身体已经很虚弱，家里的生活也日渐趋于清贫，司马光给他一些接济，他坚决推辞不受。从司马光那里回来的途中，由于过度劳累和贫病交加，又听到老母去世的消息而悲痛欲绝，患了半身不遂。但他仍苦学如故，并未因此而停止编书工作，直到病危时，仍坚持借书校正自己的著作，不臻成熟，不拿出来。

刘恕一生写了大量著作，除参与《资治通鉴》的编修外，他还写了《五代十国纪年》四十二卷，《疑年谱》、《年谱略》各一卷，还口授了《通鉴外纪》十卷，对中国史学发展做出了巨大贡献。

◆求索的过程，既是求知的过程，也是自我磨砺的过程。

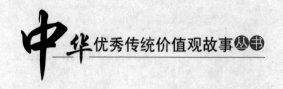
59. 郑樵隐世苦读

郑樵，字渔仲，南宋兴化军莆田（福建莆田）人，世称夹漈先生。宋代史学家、目录学家。

郑樵是我国南宋著名的文献学家、史学家。他出生在福建路兴化军莆田（今福建莆田县）的一个比较富足的家庭。郑樵自幼就受到良好的教育，又勤于思考，刻苦用功，因此学问长进很快。后来，他家庭发生了变故，再也没有过去那样的学习条件了。为了不中断学业，郑樵与他的兄弟想了一个读书的办法：结庐越王峰下，闭门诵读。这样过了一段时间后，感到效果很好，于是，就在莆田西北的夹漈山旁搭了一个茅屋，谢绝一切应酬，刻苦攻读。生活的清苦，屋舍的简陋，这一切都没有使郑樵丧失求知热情，反而在读书中获得了无限乐趣。每晚面对清风残月，读书通宵达旦。即使北风呼啸，大雪纷飞，室内四壁白霜，寒冷异常，也从不间断诵读。

郑樵读书的时候很注意系统性，他常常花费很多工夫去整理自己的读书笔记，然后根据自己的体会写成新的作品。他说："善于读书的人必须懂得整理知识，把知识整理得有条有理，才能达到融会贯通的地步。"

郑樵力戒死读书，读死书。他总是把知识与实践结合起来学习，平时他重视实际观察，亲身体验。比如他在学习天文学的时候，除了记熟书上所说的各种星座的名字以外，到了晚上，还按照书上所说的方位，去寻找这些星座，把它们在天空中的位置、亮度、特征，都一一记录下来，补充书本知识的不足。又如他在学习动植物知识的时候，常常跑到田里和池塘边，观察各种鸟兽虫鱼、花草树本，熟悉它们的形状、特性，留心它们的生活和生长过程。他还常常向农民、渔翁、樵夫、猎人请教有关各种动植物的知识。

三十年过去了，他几乎读遍了当时能找到的每一本书。为了研究经学，他花去了十年工夫；为攻克礼乐之学、文章之学，花去了六年时间。郑樵还用了五六年时间，仔细探讨了天文地理、草木鱼虫等学问。几十年如一日地潜心学习和研究，使郑樵成为一位博学的著作家。为了"集天下之书为一书"，方便后人的阅读和研究，郑樵决心写一本《通志》。凭着几十年博览群书的扎实基础，严肃认真的科学态度，郑樵完成了二百卷《通志》。宋高宗对郑樵高深的才学十分赞赏，召他主管文教事物。

郑樵的成功，处处凝结着辛勤的汗水和心血。《通志》二百篇涉及的内容十分广泛，不怪他十分自负地

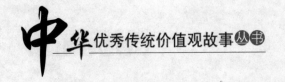

说：“臣今总天下之学术而条其纲目，名之曰'略'。凡二十略，百代之宪章，学者之能事，尽于此矣。”郑樵用毕生的精力和心血，换来了学业的丰收，他一生的著述，如果一本一本摞叠起来的话，恰好与他的身高相等。这需要多么大的毅力和决心啊！从郑樵的身上，我们看到了古代学者献身学术事业的拳拳之心，不渝之情。

◆郑樵一生著作竟达八十四种，一千余卷。如此巨大的成就是来源于对知识的挚爱、坚定的信念及顽强的毅力啊。

60. 陆游与“书巢”

陆游，字务观，号放翁。越州山阴（今浙江绍兴）人。南宋著名诗人，词人。

陆游是南宋时期杰出的爱国诗人和著名学者。从童年时代起，就和书结下了不解之缘。秦汉以来的各种重要书籍，他无不披览钻研，白天读，夜间想，就像农民种地那样勤奋专心，坚持不懈。到了晚年，更是爱书如子。传说他被罢官后，在家乡置了几亩田地，盖了几间茅屋，除了有时去田里干农活外，其余时间都用在读书上。他给自己的书屋取了个有趣的名字"书巢"。有人看了很不理解，问道："喜鹊在树上结巢，燕子在梁上结巢。上古有有巢氏，因为那时还不会盖房子。帝尧时代，老百姓也曾结巢而居，因为那时洪水泛滥，地上不能住。你现在有现成的房子可以住，门啊，窗啊，墙垣啊，应有尽有，和一般的住房一模一样，却偏偏叫'巢'，这是什么原因呢？"

陆游回答说："在我的房子里，柜中装的是书，面前堆的是书，头上枕的和身下铺的都是书。总而言之，一眼望去，除了书还是书。而我饮食起居，疾痛呻吟，悲愤忧叹，始终和书纠缠在一起，……偶然想走动走动，都被书包围起来，简直寸步难行，这岂不是我所说的巢吗？"

客人将信将疑，陆游便带他走进"书巢"。起初，客人被书挡住进不去，好不容易钻了进去，又被书围得水泄不通，于是哈哈大笑道："一点也不假，像个巢，像个巢！"

陆游在这个"书巢"中读书，直到去世，写下了很多"为国忧民空激烈"的悲壮诗句。

◆自古以来，大凡有建树的人，几乎都是与书结下不解之缘的。他们无不爱书如命，苦读不倦。书是知识的宝库，读书就是打开这宝库的钥匙。

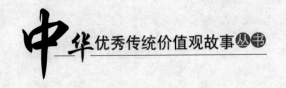

61. 辛弃疾纳"谏"

辛弃疾,原字坦夫,改字幼安,别号稼轩,历城(今山东济南)人。南宋著名词人。

辛弃疾六十多岁时,被任命为镇江知府。他在抓紧练兵之余,坚持挥毫写作,不少脍炙人口的佳作都出于此时。

在一次宴会上,歌女们演唱了辛弃疾的新作《永遇乐·千古江山》,唱完后,在座的客人齐声称赞,都说这首词填得好。辛弃疾也很高兴,但又恳切地说:"各位不要只叫好,给我的词提提意见吧!"

"不敢,不敢……"大家推辞着。

"诗不厌改嘛。人往往自己看不见自己的耳朵,也不容易看见自己作品的缺点,不知毛病,怎么改呢?各位不要顾虑。"说完,便挨个征求意见。客人们还是说:"提不出,真的提不出。"

座上有位年轻人,是抗金名将岳飞的孙子岳珂。辛弃疾征求到岳珂时,岳珂也有些犹豫,因为在座的大多是长辈,地位也比自己高,哪有自己先说话的道理。但看到辛弃疾诚恳的样子,便直率地说:"辛帅的词雄视千古，自成一家，晚生怎敢妄议。不过辛帅非要我提的话，我认为《永遇乐·千古江山》一词里，一连用了吴帝孙权、宋武帝刘裕、宋文帝刘义隆、赵国大将廉颇等四个典故，不熟习史实的人，怎能看懂呢？"

"岳公子是爽快人，这话正好抓住了我的毛病。"辛弃疾满脸笑容地说："我就是爱用典故啊！"说完便站起来斟了一杯酒，双手递到岳珂手中，表示谢意。

大家被辛弃疾的谦虚精神所感动，都热烈地饮酒尽兴。

◆虚心让你得到你所不知道的东西，更让你获得知识上的朋友。

62. 胡三省三十年著一书

胡三省，字身之。台州宁海（今浙江宁海）人。中国宋元之际史学家。

胡三省是我国著名的史学家，生活在风雨飘摇的南宋王朝。

他一生酷爱史书，因患有鼻出血病，血常滴到书上，仍读书不止。一天，父亲把胡三省叫到身边，对他说："《通鉴》这部书，刘安世给它作过《音义》，可惜没有流传下来，现在司马康有个《通鉴释文》，又和史炤的本子大同小异，恐怕也不是他的独创。你能给他刊正吗？"年轻的胡三省很有信心地答应了父亲。从此，他就把为《通鉴》注疏，当成自己终生奋斗的目标。

在当时那样的动乱环境下，个人为史书作注解，无论从财力、精力，还是从工程上讲，都是非常困难的。胡三省不畏艰难，想方设法借来了各种史书，与《资治通鉴》对照着读。然后摘抄整理史料，根据《通鉴》所记的次序，逐条逐句地注解诠释。他日夜努力，寒暑不辍。即使是外出也要把书带在身边，抓紧时间认真研究。他把全部的精力都投入到《资治通鉴》的注释工作中。四年后，终于写成了《资治通鉴广注》九十七卷，注论十卷。望着用自己的心血结晶而成的书稿，他露出了欣慰的笑容。

公元1276年，南宋都城临安被元军攻陷。为保护书稿，胡三省考虑再三，决定躲避到山区去。他约了几个读书人一道背着沉重的书稿，翻山越岭，西行向新昌逃难。谁知，正当他们行走在山间小道上时，山腰中猛杀出十来个强盗，杀了胡三省的同伴。胡三省因滚入山涧才幸免于难。可书稿尽失，令胡三省悲痛万分。

胡三省独自一人来到新昌，在富人家任家庭教师。他并不灰心，白天教书，晚上为《通鉴》作注。

有了第一次注释的经验，胡三省再次注释时更能够得心应手。他旁征博引，扩大了史料的来源；择取材料驾轻就熟，考订更为精详。又经过近十年的写作，这部书稿终于初步完稿了，胡三省给自己的书重新定名为《资治通鉴音注》。

初稿刚刚完成，元军已攻入浙东，胡三省又得逃难了。他吸取上次书稿丢失的教训，把书稿交给自己的好朋友袁洪收存。

时局平静后，胡三省返回袁洪家，见书稿完整无损，他感动得流下了眼泪。他带着书稿回到家乡宁海，继续修改补充。当时，已经七十多岁的胡三省患有气喘病，他儿子见老父亲彻夜著书，劝他注意身体。胡三省却说："人生在世，总得作为一番。要实现这个目的，只有'勤'字。只要能成此书，劳累死了又有什么可遗憾的呢？"

从四十二岁弃官开始，胡三省著书已达三十个年头，直到临死前才最终完稿。《资治通鉴音注》是胡三省毕生心血的结晶，是我国史学史上注释工作的一个重大发展。

◆胡三省继承历代史家注史的优良传统，在"通鉴学"研究方面，作出了突出贡献。胡三省的精神主要地表现在坚韧执著、求真求实和讲究气节、忠于国家四大方面。

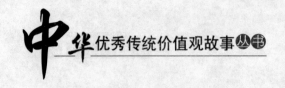
63. 马端临与《文献通考》

马端临，字贵舆，号竹洲。饶州乐平（今江西乐平人）。中国古代宋元之际著名的历史学家，著有《文献通考》《大学集注》《多识录》。

说起马端临，就会想到他用毕生精力编写的《文献通考》。这部史书，是他经过十年挖掘整理的准备，十年苦心撰修和琢磨的编写，以及三年的校对和订正，才最后完成的。

马端临是宋代杰出的史学家。他自幼生长在官宦之家，父亲马廷鸾，曾官至右丞相兼枢密使，酷爱文学。在父亲的影响和教育下，他继承父辈求学上进的传统，广泛涉猎了各种典籍。读书不仅使他学到了许多为人之道和求学之术，而且渐渐地形成了癖好，一日不读书仿佛缺少了什么，读书读到了废寝忘食、手不释卷的地步。通过读书，他发现历代的典章制度，都没有很好地总结编纂，于是决心填补这方面的空白，从总结历史经验和教训入手，以"变通弛张之故"，警戒后人。为了使这部《文献通考》得以实施，他披阅了大量有关著述，比较分析了《资治通鉴》、《通典》等著作。经过反复研读，细心领会，得出了："《资治通鉴》详于理礼兴衰，而略于典章制度；《通典》虽'纲目宏大，考订该洽'，但内容欠精审，纲目不完备"的科学结论。他不仅广读书，而且求甚解。一次，他在编写过程中，遇到了一个一直没有弄清的问题，为了搞清楚，他查遍了过去的卡片及有关图书，终于得出了科学的结论。像这种追根寻底的求实事例，在马端临二十三年的编纂岁月中是极为平常的。

这部三百四十八卷的《文献通考》，在经历了二十三个春秋后，终于在编者五十四岁时宣告完成。待到这部著作刊行于世，马端临已年近古稀。马端临返乡后仍然执掌家塾，为家乡培养人才，一直到八十七岁病逝于家中。

◆马端临一生淡泊功名利禄，潜心治史学，以《文献通考》这部鸿篇巨著流芳后世；他执著地为家乡教育事业无私奉献的行为和精神，永远值得后人学习。

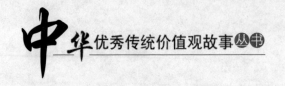

64. 杨维桢与"万卷楼"

杨维桢，字廉夫，号铁崖、铁笛道人，又号铁心道人、铁冠道人、铁龙道人、梅花道人等，晚年自号老铁、抱遗老人、东维子，会稽（浙江诸暨）枫桥全堂人。元末明初著名文学家、书画家。与陆居仁、钱惟善合称为"元末三高士"。

杨维桢，号铁崖，是我国元末明初比较有才气的诗人，他的诗被人们称之为"铁崖体"。

据说杨维桢小时候很聪明，每天读书可以熟读几千言，他的父亲杨宏为了让他专门读书，专门在铁崖山上修了一座楼房，广收天下书籍，大约集中了上万卷图书。杨宏给这座楼取名叫"万卷楼"，又绕楼种了上百株梅花，可谓环境清馨、典雅，令人心旷神怡。杨维桢的父亲把他送到楼上，然后抽走梯子，这样，杨维桢就再也下不来了，不得不在楼上专心致志地读书。每天吃饭的时候，用辘轳把水和饭送上去，一直关了他五年。在这五年中，杨维桢一个人在楼上专心苦读，把父亲为他收集来的图书几乎读了一遍，重点的篇章和警句都背诵下来或作了摘录。五年以后，当他从"万卷楼"上下来时，学问有了很大长进，学到了不少知识。杨维桢很为自己在铁崖山"万卷楼"上读书的经历而自豪，为此给自己取号叫"铁崖"。这时的"铁崖"文章已经写得很有名气，但却始终没有用武之地。

二十岁时，杨维桢赴涌东从师求学，父不惜卖掉良马，以充足其游学费用。杨维桢则节衣缩食，把钱多用于买书。学成归来，父亲见到杨维桢带回《黄氏日钞》之类一大叠书，欣喜地说："这比良马更难得！"

元泰定四年（1327年），杨维桢考中进士，出任天台县尹，后改为钱清盐场司令，十年没有得到升迁，直至元朝修宋、辽、金三史时，他为此写了一篇叫《正统辨》的文章，得到总裁官欧阳玄的赞赏，才得以改调建德路总管府推官，再升江西儒学提举，文章帮了他的忙，当然也是铁崖山"万卷楼"上五年苦读的结晶。

◆书给予我们动力，激励我们成长，丰富我们的人生，引导我们前行。

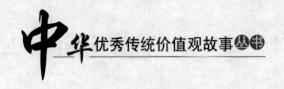

65. 王冕学画

王冕，字元章，号煮石山农，绍兴诸暨人。元代诗人、文学家、书法家、画家。

王冕出生在诸暨县农村，从小爱读书，但由于家境贫穷，不仅上不起学，还得到隔壁秦家去放牛。

村中有个学堂，王冕每天放牛路过学堂，都舍不得离去，他真羡慕那些能上学的孩子，他真想读书啊。然而，王冕是个懂事的孩子，他理解家中的处境，就常一边放牛一边学习。

有时也趁牛在一边吃草的空隙，悄悄走进学堂，听老师讲课。

一次，他听得太专心了，天黑了也没发觉。等他从学堂跑出来，牛已不知跑到哪里去了，他又惊又怕，找了很多地方，最后发现牛自己回到圈中了，这才放下心来，但他仍然被母亲斥责了一顿。

王冕每天一大早就得去放牛，天黑才能回家。晚上想读书，又没钱点灯。一天，他路过一座寺庙，看见寺庙的佛殿里点着一盏长明灯，日日夜夜不熄。他大喜过望，于是每天晚上收工之后，便偷偷到离家一两里路远的寺庙去，蹲在长明灯下苦读。

王冕有时去远处放牛，东家给他带的饭菜，他都省下来，带回家给母亲吃。偶尔东家赏几个小钱，他也从不乱花，而是把它积攒起来，买些旧书，依旧一边放牛一边读书。

一天，他正在树阴底下看书，突然大雨倾盆，雨后的田野，清新美丽。特别是那池塘中盛开的荷花，清珠滚动。王冕被眼前的景色迷住了，心想：天下没有学不会的事情，我为什么不可以学画画呢？

从此，王冕除了读书，又开始学画画。最初由于没老师指导，他画的荷花实在不像，但他并没泄气，而是更加努力，因为他相信有志者事竟成。

无论晴天还是阴雨天，他都在塘边认真观察荷花的生长姿态，认真描画。几个月下来，池塘边的青草都被他坐枯了，泥土也被压了一道坑。王冕就这么一边观察一边画画，画荷花的本领不断提高，画出的荷花和真的一样。远近的不少人都开始请他画画，或高价买他的画。

王冕虽然画画出了名，又有了钱，可他并没有满足，而是对诗画进一步深入钻研。他卖画得来的钱，除了供养母亲，就用来买书。通过不断刻苦自学，他不仅画笔深见功夫，而且还成为元朝著名诗人和篆刻家。

◆后天教育很重要，要充分利用家庭社会为我们创造的学习条件，刻苦用功，踏踏实实学习。

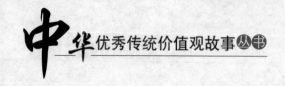
66. 陶宗仪积叶成书

陶宗仪，字九成，号南村，浙江黄岩人（今清陶乡）。元末著名文学家。

元朝末年，浙江松江地区有个叫南村的穷乡村，这儿住着很多农民，以耕地种田为生。

一天，烈日如炎，农民们在地里挥着锄头铲地，干硬的土地一直伸向远处的山麓。有位锄地的人，放下手中的锄头，一边擦汗，一边走到田边大树下休息。忽然，他好像想起什么，摘下几片老树叶，又拿出笔，匆匆地在树叶上写着，然后又把写了字的树叶小心地放进一个瓦罐里。

这个人就是元末明初的文学家陶宗仪。他曾参加过科举，落选之后决心绝于仕途，就把家从繁华的市镇，搬到这松江地面，一面种地，一面精心钻研，努力争取在学业上有所建树。

白天，陶宗仪和别人一样下地干活，但他随身总带着笔墨。他本是文人出身，干不惯农活，休息时常是又倦又累。但他一到休息的时候，总是抓紧时间思索，回味学业上的细枝末节。每有所得，就记下来。

买不起纸张，就写在老树叶上。

别人常善意地说："宗仪，好好歇歇吧，种地空隙这点时间又顶什么用呢，不如痛快地休息休息算了。"

"积少总会成多的。"陶宗仪总是这么简单地回答一句，便又忙于他的记录。

就这样，陶宗仪将耳闻目睹的一些重要事情和自己阅读古人著作的心得，随时记在树叶上，一丝不苟。然后把每天记完的树叶，带回家，放到大罐子里积存起来。

陶宗仪这样一边劳动，一边读书，一边记录，坚持了十多年。十年中他写心得的树叶竟积了十多罐子。

后来，陶宗仪把罐子打开，拿出一片片树叶，逐条整理、修订，竟编成一部内容丰富的三十卷巨著。他为了纪念自己的这段学习经历，给这部著作取名为《南村辍耕录》。

这部积叶而成的巨著和陶宗仪劳动之余写成的诗歌集《南村诗集》都成为当时儒林的佳作，广为传诵。

◆成功不在于一时一事埋头苦干，而在于在任何情况下都能坚持下去。

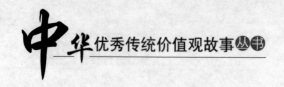
67. 宋濂冒雪求师

宋濂，字景濂，号潜溪，别号玄真子、玄真道士、玄真遁叟。浦江人，元末明初文学家，曾被明太祖朱元璋誉为"开国文臣之首"，学者称太史公。宋濂与高启、刘基并称为"明初诗文三大家"。

元末明初，金华潜溪（今天的浙江金华）人宋濂，十分喜爱读书，并且聪颖过人。但是他家里很穷，根本买不起书，只好到有书的人家去借。回来后，不分昼夜，把书抄下来，然后按约定的时间还回去。即使在严寒的冬天，砚台里磨好的墨汁结成了冰块，手指也冻得发僵，仍坚持不懈。就这样，他读了很多书。

有一年冬天，正值数九寒天，为了请教一个问题，他穿着草鞋，背着行李，踏着几尺深的积雪，跑到离家百里以外的地方，去拜师求教。两只脚裂开老大的轵口，也不觉疼痛，赶到客店时，四肢已经冻得麻木。他寄居在客店，粗食淡饭，每天只吃两顿。向老师求教时，总是恭恭敬敬地站在一旁，小心翼翼地提出问题，然后躬着身子，侧着耳朵，等待老师解答。有时老师不耐烦，厉声斥责道："你连这都不懂吗?"宋濂不但不恼怒,反而更加和颜悦色,等老师心平气和以后,他就再一次把问题提出来,请求讲解。宋濂的谦恭、虚心和求知欲望,深深感动了老师,他也因此跟随老师学到了很多知识。

后来,宋濂曾拜读于许多名人门下,学到了他们的深奥学问。由于他学习刻苦,广泛从师,终以学术渊博,造诣极深而闻名于海内外。元王朝曾征召他为翰林院编修,他不肯应召,隐居入龙门山做道士,改名为玄贞子,闭门读书,达十年之久。直到元朝灭亡,明朝建立,他才出来做官,曾以总裁官的身份主持修订过《元史》、《大明日历》、《宝训》等书,成为我国元末明初著名的散文家。

◆要努力为自己创造条件,读书不仅要肯吃苦,还要懂得方法。

68. 高则诚踏穿地板

高则诚,原名明,号则诚,又号菜根道人。元末明初著名戏剧家。

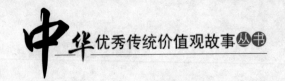

　　高则诚是我国元末明初著名的戏曲作家。他一生立志于戏曲创作，写了很多剧本，其中尤以《琵琶记》最为著名，明朝中叶以来，这个剧本被推崇为"南曲之祖"，高则诚的许多传说也一直在故里流传着。

　　高则诚传说大致可分为：一是少时聪明能诗善对，二是藐视权贵伸张正义，三是当官为民刚正不阿，四是呕心沥血创作《琵琶记》。

　　据传，高则诚从小就聪明，能诗善对。一天傍晚，高则诚从书院放学回家，路过一个池塘边，出神地看着一只正在捕食的青蛙。一位告老还乡的尚书见高则诚穿一件绿色夹袄，盯着青蛙出神，便要试一试这位神童的出口成章。老尚书捋着胡须，笑着说出一句联语来："出水蛙儿穿绿袄，美目盼兮。"高则诚见老尚书穿件大红袍，微驼了背，便念道："落汤虾子着红袍，鞠躬如也。"老尚书听了大吃一惊，称赞高则诚聪明。这就是《巧对惊尚书》的故事。

　　民间传说，高则诚创作《琵琶记》与他的朋友王四有关。王四早年以博学闻名，高则诚与他结交为友。后来王四中状元，在太师府做了宰相的女婿，并打算休掉糟糠之妻张氏。高则诚写了一封长信劝王四回心转意，但是王四没听忠告，反而送来一张休书休了张氏，张氏被活活气死。高则诚越发愤愤不平，决定编写戏文劝劝世人，剧名为《琵琶记》。因为"琵琶"两字中有四个王字，影射"王四"。

　　高则诚所以能取得这么大的成就，是和他一生勤勤恳恳，严肃认真，勇于探索，一丝不苟的治学精神分不开的。传说他每写一个剧本，都要千锤百炼，精心琢磨，为了使戏合乎规律，便于演唱，他边写边唱，边唱边改，几乎是一个字一个字地推敲，一句话一句话地修改。写曲子时，右手拍着几案，左脚踏着地板打拍子，反复吟唱，发现不合声律而拗口的地方，就停下来修改，反复多次，直到满意为止。日子久了，口干舌燥，不断吐白沫，声音也嘶哑了。朋友们劝他："何必自苦到这种程度呢？"高则诚回答："干什么都不是轻而易举的，要写出词曲优美，人物鲜明，情节生动的剧本，超越前人，不苦怎么行！"

　　果然，他的《琵琶记》成功了。当《琵琶记》最后完成时，人们看他用过的几案，手拍的地方，竟有一寸多深的指痕．脚踏拍节的地方，地板都被踩穿了，出现了一个大窟窿。而他创作出的人物形象，直到明清，仍然富有生命力，活跃在戏曲舞台上，得到人民的欢迎和喜爱。

　　◆一个传说，尽显大师勤勉与严谨的品格。

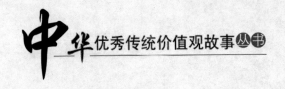
69. 方孝儒读书种子

方孝儒，浙江宁海人，明代大臣、著名学者、文学家、散文家、思想家。

明朝燕王朱棣在北平起兵发难，准备夺取皇权。出师之前，他的谋士对他说，攻下南京之日，有一人必不肯降，请不要杀他，杀了他，天下读书种子就断绝了。这个被称为读书种子的人就是明初著名思想家、文学家方孝儒。

方孝儒的曾祖和祖父都曾在元朝担任鄞县县学教谕，父亲方克勤也是当地的名儒，他出生在这样一个读书世家，五岁时就知道读书，稍长后，读书成了他的癖好。他为自己作了一条严格的规定：每天读书必须达到一寸厚才能休息，读不到一寸厚，绝不踏出门外一步。有一天，他在屋里读书，读得入了神，窗外风雨交加，雷电大作，他竟一点也不知道。十三岁时，父亲被朝廷授为山东济宁知府，为跟父亲学习经史，他一同来到济宁。斗转星移，一晃就是五年，在父亲的耳提面命下，他的学问有了很大长进。

父亲死后，家道中落，他的生活开始贫困，但并没有因此而改变刻苦治学的初衷。有一次病中断粮，他仍吟诵不辍，还笑着说："古代有个人一旬只吃三顿饭，粮袋里一点储米都没有。贫穷，难道只我一个人吗？"遵照父亲的遗嘱，他身背书箱到京城，求见当时以道义文章饮誉海内外的明朝开国文臣宋濂，拜宋濂为师。方孝儒酣畅的文章，横溢的才华，深得宋濂赞赏，当即收他为弟子。从此，方孝儒如鱼得水，在无涯的学海中尽情遨游，学问"日有所进而月有收获"，如一块璞玉浑金，在宋濂的精心雕琢和陶冶下，终于闪现出熠熠光芒，被明太祖称赞为"异才"。但由于他与明太祖政见不一，没有被启用，身怀匡世之才而无用武之地的方孝儒非常遗憾。在此后十年间，他隐居田园，杜门著述，一生写下了大量著作，成为明朝初年有名的思想家和文学家。

◆要想具有真才实学，需要更多的刻苦与执著。不仅要时时鞭策自己，更要处处和逆境抗争。在一定意义上，一个人的价值，可以通过他所克服的困难来衡量。

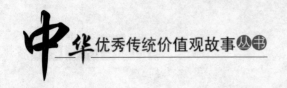

70. 柳敬亭拜师

柳敬亭，祖籍南通余西场，生于泰州。原姓曹，名永昌，字葵宇。明末清初著名评话艺术家。

柳敬亭是明代著名的说书艺人。本姓曹，名逢春，因逃难在外改名换姓。他离开家乡以后，四处流浪。一天，他躺在敬亭山下休息，绵长嫩绿的柳丝拂在他的身上。他想到自己悲惨的身世，慨然说："我今天困在敬亭山下，柳树作伴，往后就叫柳敬亭得了。"从此，他就改叫柳敬亭了。栖身异乡的窘迫，使他饱尝了流浪的艰辛，常常是衣不蔽体，食不果腹。为糊口谋生，他走街串巷，靠说故事混饭吃。可好景不长，没几天，他的日子就混不下去了。因为他的故事讲得平平，有钱人从不在街上听故事，穷人又没钱来听，因此听的人越来越少。他的饭碗眼看就要砸了，怎么办？自己又没有别的本事。为了靠它吃饭，柳敬亭决定拜师学艺。

他听说有一个叫莫后光的读书人，在说书艺术方面颇有研究，就亲自去拜访。莫先生见他对说书艺术情深意笃，又有一定的实践基础，个人素质也不错，就决定收他这个弟子。莫后光先给柳敬亭讲了有关养气、定词、审音、辨物等有关知识，让柳敬亭在说书中练习体会，每过一段时间，莫后光到柳敬亭的书场去听一次，指出其存在的问题。在莫先生的严格要求和启发下，柳敬亭逐渐认识了说书艺术，并时刻以老师的教导为座右铭。说书虽只是一门小技术，但要摸透各种人物的性情，熟悉各地方的风俗习惯，善于描绘各种事物的情状，才能说得动听。于是他勤学苦练，仔细揣摩其中的奥妙和道理。用了一个月的时间，准备好了一个段子，来到了老师的住处，请求指点。他满以为自己的段子会令老师满意，甚至夸奖，可谁知老师却说："你说书的功夫还不到家，听你说书，听众欢声笑语，说明你讲得内容太浅显了。"

起初，柳敬亭觉得老师的批评未免苛刻，可仔细一想，又觉得老师的意见十分中肯。自己的确还只是停留在为说书而说书这个水平上，还需要深入下去。又过了一个月，他带着改进的段子，再次去向老师请教。这一次，莫老师对他的表演基本肯定，说："你说书说得差不多了，因为我看到听你说书的人，都正襟危坐，神色骤变，毛发竖起，翘着舌头放不下去。"并告诫他继续努力，戒骄戒躁，更上一层楼。柳敬亭带着老师的意见和希望，又重新练了一个月。这一个月，他没有满足自己已有的成绩，而是努力克服弱点，争取有所创新，使自己的演技更上一层楼。当他又一次为老师表演时，老师十分惊奇他的进步速度，欣喜地对他说："你已经完全

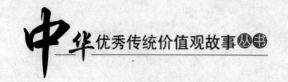

掌握了说书技巧，你看东西时的目光，举手投足的姿态，话未出口，喜怒哀乐已全呈现出来。听众听你说书，好像身临其境一般，等说书结束，才神色惊恐，若有所失。这说明你的技艺已达到炉火纯青的地步。凭着这样的技艺，走遍天下也没有什么能够难住你。"

柳敬亭不仅师承莫后光，而且还认真地向生活这个老师学习。为了使自己的技艺达到炉火纯青的地步，他到各种环境中去体验生活，收集素材。由于他熟悉各种乡音土语，礼仪风尚，人物性貌，最后终于凭着自己的过硬本领，超过了当时曲艺界的名角儿，成为一代伟大的说书艺术家。

◆循序渐进地进步，不要好高骛远，不要空谈，而是踏踏实实地走下去，终能实现自己的目标。

71. 谈迁写史

谈迁，原名以训，字仲木，号射父。明亡后改名迁，字孺木，号观若，自称"江左遗民"。浙江海宁（今浙江海宁西南）人。明末清初史学家。

清朝顺治年间，北京城城郊的山山水水间出现了一个奇怪的外地人。

这人两鬓苍苍，头发花白，六十多岁的年纪，穿着打扮像一个乡间老秀才。他常常出现在十三陵，明朝皇子、公主的墓园，从葬妃嫔的金山到西山和香山的寺庙，爬山涉水，仔细察看，在一堵残墙、一块断碑前也要站上半天时间，左看右看，久久不肯离去。他一边看，还一边嘟囔着，不停地记着什么，浑然忘我，碰到他的人都用奇怪的目光看着他，以为他非疯即傻。

其实，这个人不仅不傻，而且学识渊博，还写出了一本明朝编年巨著《国榷》。他，就是明末的历史学家谈迁。

谈迁二十九岁时，读编年体明史《皇明通纪》，发现此书肤浅多错，因而决心再写一部编年史，即《国榷》。

他写此书必须依据明代的各朝实录，而当时的实录只有少数大官僚家藏有抄本，他只好千方百计去借。他常常是背了行李，带着干粮，步行几百里去借书。每次借到书，他都恨不得一口气读完，而抄书也是常有的事，只要有一点价值，他就不会放过。

他写的是当代史，因而很重视民间百姓的看法，凡有创意，马上记录下来。他写的又是编年史，他把搜集到的资料整理成精炼准确的条目，按时间顺序严格排列。如此搜集整理，辛苦创作，用了五年的时间

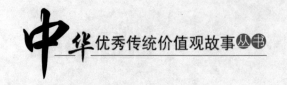

写出初稿，又用了二十二年六次修改初稿，终于完成了这本巨著。

然而，天有不测风云，就在书稿完成的那一年，盗入谈家，手稿全部被窃，三十七年的心血毁于一旦。这时的谈迁已经五十多岁了，生活艰难，但他在沉重的打击下，坚强地挺过来，他决心重写书稿，只要活着，手在，能抄写，决不停止工作。于是，他又离开了家乡，四处求借私家藏书，不顾风吹雨打，忍饥挨饿，终于又用了六年的时间完成了第二稿。

这时本算大功告成，可谈迁总觉得崇祯一朝的史实还不够扎实可靠。为了寻访这一朝的遗事遗迹，这年六月，他穿着几乎露出脚后跟的旧鞋，担着简单的行装和文稿，北上来到京城进行实地调查。

他在京城，访问了许多明朝的皇亲国戚、宦官以及居民，又实地考察了许多历史古迹。他不停地询问，不停地记录，不停地奔走，步行走遍了北京的山山水水，走得脚上全是血泡，结成层层血痂。三年后他回南京时，已掌握了大量翔实的第一手资料。借助这些资料，谈迁终于在终老人世前将《国榷》定稿，给这扣人心弦的《国榷》成书故事划上一个圆满的句号。

◆为了这部书，他"残编催白发，犹事数行书"，真是日思夜梦，神形交瘁。而谈迁百折不挠的拼搏精神和不畏艰苦、求真求实的史德更是为后世所传颂。

72. 顾炎武手不释卷

顾炎武，字宁人，号亭林，明末清初著名的思想家、史学家、语言学家，与黄宗羲、王夫之并称为明末清初三大儒。

明末清初的思想家顾炎武出生在一个官僚地主家庭，自幼跟从祖父和母亲读书，受到良好的家庭教育，养成勤勉好学的学习习惯。

顾炎武四、五岁时，他的母亲王氏就教他读书写字。王氏自己也昼织夜读，夜深才休息。这种勤奋的精神给顾炎武幼小的心灵打上很深的烙印。

六岁时炎武听母亲讲《大学》，七岁时入私塾学《四书》，九岁时读《周易》，十岁时在祖父指导下读《孙子兵法》、《左传》、《国语》、《史记》等书籍。十一岁时他开始读《资治通鉴》。他不分昼夜地苦读，只用三年时间就读完了，而且还抄了一遍。顾炎武读书总是这样，越读越厚，读完一部就变成了两部。十四岁时他又读了《尚书》、《诗经》、《春秋》。

这一段童年的时光，顾炎武手不释卷地读了大量的书。他读书有个习惯，就是每年要用三个月时间复

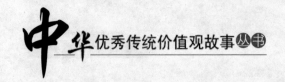

习读过的书，对学过的知识进一步巩固和理解。其余时间就都用来阅读那些没有读过的书，如此日夜苦读，为他的学问打下了坚实的基础。

顾炎武二十七岁时乡试意外落第，更坚定了他加倍读书，靠真才实学救国救民的信念。他通读了二十一史和全国州县志书等，仅是各种方志就读了一千多部，同时一边阅读，一边抄录，增补材料，并著成两部书，极大地发挥了这些材料的作用，也使他的学问更扎实了。

顾炎武一生喜好读书，无论身在何处，始终勤学不辍。他认为学无止境，"有一日未死之身，则有一日未闻之道"，做学问若不能一天天进步，就会一天天退步，因而他为了进步，没有一天不读书，除了读书别无他好。而他四处游历，也不忘随身带书，没有一天不用蝇字行楷抄书。顾炎武读书下了很大的工夫，正如他自己所说的那样，"君子之学，死而后已"。

顾炎武虽学识渊博，但他不急于求名，做学问一丝不苟，从不"轻言著述"。即使在中年以后，奔波劳顿，生活动荡不安，他也从没有动摇自己的原则，仍努力不懈地研究学问，写下大量著作。他所著的《音学五书》，三十多年才完成。无论到哪里游历，总是随身携稿，反复修改。著名的《日知录》1670年刻了八卷。六年之后，顾炎武学问有了进步，发觉原作有些见解不当，资料不全，他再次认真增改，写成二十多卷。顾炎武这种认真负责的治学精神让当时很多学者自叹弗如。

顾炎武一生勤奋，从不浪费时间，即使在行程中，也要背诗诵文，反复巩固自己的知识。他一生最讨厌朋友们宴饮闲谈，每有此种场合，他总是推辞不去。即使去了，也毫无兴致，过后总是为浪费了时光而叹息不已。

顾炎武一生勤奋好学，同时注重实地调查，掌握第一手材料，强调实事求是，据事直书。他在北方游历时，用两匹马、两匹骡子驮着自己写的书，遇到关塞等险要之地，就亲自向退卒老兵询问有关情况，及时修改文稿，以免贻误后代。在各地游历时，他抄录了大量碑文，把文献资料和实地考察相结合，在亲见亲闻的基础上写了大量书籍。

顾炎武一生读万卷书，行万里路。走遍大半个中国，接触丰富的事物，得到大量宝贵的资料，因而他的著作宏富且证据确凿，鲜有错漏。同时他还善于取人之长补己之短，谦虚自知，严于律己，在当时学术界有很高的声誉。著名学者阎若璩曾如此说："上下五百年，纵横一万里，仅仅得三人。"其中一人就是顾炎武。

◆对真正的读者来说，有好书可读，人间便没有痛苦难耐的时光，没有卑微无助的地位，没有忐忑不安的窘况。

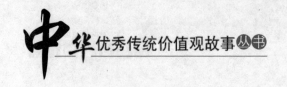

73. 万斯同拒不出仕

万斯同，字季野，号石园，门生私谥贞文先生，
浙江鄞州人，师事黄宗羲。清初著名史学家。

明朝人万泰，膝下有八个孩子。明朝亡后，万泰
一直隐居不出仕，以教授孩子经史为事。八个孩子
中，万斯同最小也最聪颖。八岁的时候他就能一字不
差地背诵一部万言的名作。但他也非常淘气，经常惹
大人生气。有一次，万斯同又在外面惹了事，父亲十
分生气，干脆把他锁在屋子里。万斯同被锁在房间里
没事干，看到书架上有几十册明代史料，翻了翻，觉
得很有趣，就读了起来，几天工夫，全读完了，又接
着读了经子诸书。父亲对他的惩罚，使他静下心来读
了很多书，这为他后来编修明史打下了良好基础，也
使他养成了喜欢读书的好习惯。

万泰和当时著名思想家、史学家黄宗羲是好朋
友，在万斯同十四岁时，万泰把他托给黄宗羲，从此
以后，万斯同拜黄宗羲为师，攻读二十一史和明代各
朝实录。他很刻苦，虽然生活困难，但学习从不间
断，夜晚没有灯，就借着月光读书。学习中，他深感

所有记载明代历史的书籍都存在疏漏抵牾的毛病，便立志仿照《资治通鉴》体例，编写一部明代编年史。

有一年，朝廷诏征博学鸿儒，许多人劝万斯同应诏。但他坚决不去。朝廷开局修《明史》，以七品俸聘请人员参加，翰林院修撰修《明史》，总裁徐元文推荐万斯同，他仍力辞不就。后来，他考虑到一个人完成明史的编修工作困难太多，又不想放弃自己的志愿，便在老师黄宗羲的指教下，以布衣身份参加了修史，住在徐元文家中，不署官衔，不领俸禄。

《明史》的纂修前后持续了几十年，监修官也换了几位。万斯同从修《明史》开始，一直到他去世，始终以布衣身份参加纂修工作。史稿的起草人员有数十人之多，但审查、修正补充及最后的定稿工作，主要由万斯同担任。他不辞劳苦，埋头苦干，认真复审。经万斯同完成的史稿有本纪、列传共四百六十卷。

万斯同在北京住了二十多年，为纂修《明史》花费了巨大精力。他为人十分谦虚，与人书信往来，总是自称"布衣万斯同"。

◆这种不媚权贵，不逐名利，一心于治学的精神，实在难能可贵。

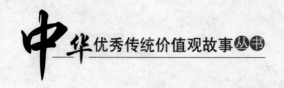
74. 马锦当仆学戏

马锦，回族，字云将，清朝兴化部（南京的著名戏院）的名伶，表演精彩享誉国内，又称马伶。

我国明朝后期，戏剧逐渐兴盛起来。在繁华的南京，戏班子有几十个，最有名的两个是兴化部和华林部，马锦是兴化部的台柱子之一。

那时候有个风气，凡富贵人家若有喜庆之事，都要请几个戏班子同时演出，借此助兴。

有一天，徽州帮的大商人遍请南京贵客文人，举行盛大宴会，请了兴化部和华林部演出对台戏。兴化部在东台，华林部在西台，同时上演《鸣凤记》。这是一出反映杨继盛等"谏臣"与严嵩父子等奸佞之间矛盾斗争的戏。开头，两台歌声悠扬，同样赢得了观众的好评。当情节推进到戏中的严嵩和夏言两个"宰相"争论是否收复河套的时候，两台演员的演技便显出了差距，观众都面向西台，为华林部扮演严嵩的一位姓李的演员喝彩。有的大呼"端酒来"！有的索性把座位移到西台前面去了，不再向东台观望。于是观众都面向西台，连声喝彩，马锦自感羞愧，便停锣息鼓，草草收场了。

从此以后，马锦决心重新学起，一定要演好严嵩这个形象。他听说当朝宰相顾秉谦是严嵩一流的人物，便离开戏班子，不远千里，跑到京城，托人介绍，给他当了仆人。

每天利用伺候他的机会，仔细观察他的一举一动，琢磨他如何说话，如何走路。一有机会，就偷偷地模仿，经过整整三年的努力，对他的一言一行一笑，全都摸熟了，模仿得惟妙惟肖。

过了三年，马锦又回到了金陵，召集他的同伴重理旧业。他又找到原先那位富商，请求道："希望你再举行一次宴会，把上次请过的客人全部请来，我们兴化部和华林部重新对台演一回《鸣凤记》，给大家助兴。"那位富商欣然应允。

戏开场了，两台同时开锣，当演到严、夏两宰相争论河套问题时，马锦把个严嵩演得出神入化，不要说观众，就连西台上扮严嵩的那个演员也失声叫好，慌忙跑上东台，跪在马锦面前，拜马锦为师。

功夫不负有心人，经过三年甘为人下的刻苦努力，马锦终于获得了成功。

◆为了自己的事业，甘当降低自己的身份，这样才能学有所成。

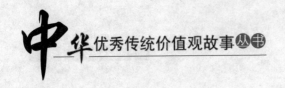
75. 阎正衡以薪换书

阎正衡，字香蓉，湖南石门人。

阎正衡自幼就喜读书，常常是遇上什么看什么。令人烦恼的是他家居住的地方既偏僻，又穷困，所以很难找到书。开始的时候，还可以向朋友借一点看，渐渐地就无处可借了。每当手头有书，他就放不下了，宁可饭不吃，觉不睡也要一口气读完，等到送还的时候，他已经把其中的许多篇章都记下来了。

一天，他耐不住无书读的寂寞，怀着试试看的想法，来到了同村一书翁的家。请求老翁将家中的《史记》借给他看一看。可是，老翁是一个爱书如子的人，生怕自己的书被弄坏了，坚持不肯借。阎正衡见老翁这样执意不肯，就说："在你家里读行不行？我保证不把书弄坏了。"老翁还是摇头。阎正衡见再也没有商量的余地了，就悻悻地走出了老翁的家。经过庭院时，他依依不舍地扫视了一下周围，发现老翁家的柴禾不多，脑子里很快闪出了一个念头：他家缺柴，我缺书，能不能用柴换书读呢？

　　第二天，他背上了从自家山场里打来的柴，来到了老翁的家，老翁见他背着柴禾十分惊奇，就问："你这是干什么？"阎正衡诚恳地说："从今天开始，我每天给您送一捆柴，请您让我读您的书，可以吗？"老翁见阎正衡为求知不辞辛苦十分感动，同意他每天来家里看书。从此，阎正衡每天早早起床，吃罢饭，就带上纸笔，背上柴禾，去老翁家读书。因这次读书的机会十分难得，所以，他倍加珍惜，每天都早去晚归，专心致志，几个月后，他几乎读完了老翁家的大部分藏书。

　　随着时间的流逝，他的书瘾越来越强烈，为了使自己懂得的更多更广，他索性卖掉了一部分维生的家产，用这笔钱买了几千卷图书。有了自己的书，他更加起早贪黑地读了。几年过去了，他成了这一带远近闻名的学子。但他并不满足于已有的成绩，他清楚地懂得自己的家乡是贫困落后地区，仅在这里有名是远远不够的，世界大得很，还有许多他不懂得的东西。为了开阔视野，他走出了自家的小山沟，到长沙等地访学，结识了许多有学识的朋友。后来，他的名声越来越大，拜访者越来越多，但他都一概谢绝。因为他真正热心的是学识，而不是沽名钓誉。

　　◆学习要勤奋刻苦，为人要谦虚，治学要严谨。

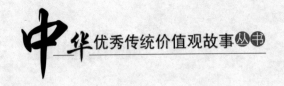

76. 李因苦学

李因，字是庵，号龛山逸史，晚号今生。会稽
（今绍兴）人，一作钱塘（今杭州）人。明末清初女诗
人兼画家。

李因是明朝末年一位苦学成名的女诗人兼画家。她
天性警敏，耽于读书，不同于一般的旧式女子，从不用脂
粉打扮自己，只要一有时间，就以读书写字为乐事。可惜
的是，她的家庭贫寒，根本买不起笔墨纸砚，甚至连照明
的灯油也时常买不起。可她偏偏热爱读书学习，为了创造
学习条件，她想尽了各种办法。她知道古代有许多勤学苦
练的好办法，就学着效仿起来。他每天"黎明即起，洒扫
庭除"，在打扫桌案时，她总是先在积有尘土的桌面上写
上一会儿字，或是练上一会画，然后再扫除干净。平日
里，十分留心可以写字作画的地方，积满青苔的台阶，挂
满灰尘的墙壁等，她都充分利用。秋天，柿树的叶子纷纷
脱落，她就把发黄的树叶扫起来，一筐一筐地存起来。把
它当作平日练习的"纸"。夏天的夜晚，她就去捉无数的
萤火虫，把它们放在蚊帐里或布口袋里，挂在案头，借着
萤光，埋头读书。就是凭着这样的苦学，李因在书画方面

取得了喜人的成果。

一个偶然的机会，海宁人葛征奇见到了李因的一首咏梅诗，他对李因有如此才华大为惊异，并纳她为侍妾。李因婚后环境好转，可学习的认真刻苦仍不减。就是坐船骑驴，她都不忘读书作诗。寡居后，家徒四壁，有时甚至无米下锅，她不得不以纺织为生，兼作画贴补家用。即使这样，只要稍有空闲，仍坚持读书吟咏，一如既往。

◆在逆境中，我们应该迎难而上，不畏艰辛，积极进取。

77. 李渔解疑

李渔，初名仙侣，后改名渔，字谪凡，号笠翁。浙江金华人。明末清初文学家、戏曲家。

李渔是清代著名的戏曲理论家。在他还很小的时候，就喜欢琢磨问题。有时他为了一个解不开的小难题，常常牢记在心，遇上机会便向人请教，直到解开疑问为止。

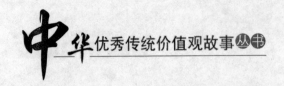

传说他幼年在私塾读书的时候，有一天，老师正在讲解《孟子》，当讲到"虽褐宽博"一句时，老师说："宋朝的朱熹说了，褐，即贫贱人穿的衣服；宽博，就是又肥又长。"李渔听了觉得很不理解，他想："既然褐是贫贱人穿的衣服，那就应该做得短瘦一点，也好省些布料，为什么反而做得又肥又大呢？"他跑去问老师，老师也解释不清，只是十分严肃地教训他："朱老夫子的话是不会错的，你照着念就行了！"打这以后，这个问号就一直留在了李渔的脑子里。

过了许多年后，李渔长大成人了。有一个偶然的机会，他游历了孟子说的穿褐衣的地方。啊！好一派塞外风光，真是"天苍苍，野茫茫，风吹草低见牛羊"。他想起了童年埋在心底的那个问号，便决心把它搞清楚。于是，他请教了当地居民："为什么你们的衣服都做得这么宽大呢？"居民们答道："我们生活艰苦，只有这一件衣服，白天当衣服，晚上做被子，如果不做得肥大一点，就盖不住身体"。李渔终于明白了。褐，的确是贫贱人的衣服；宽博，就是又肥又大，朱熹解释得不错。

◆李渔孜孜以求的学习精神，值得我们学习。

78. 王锡阐屋顶观天

王锡阐，字寅旭，号晓庵，江苏吴江人，明末清初历算学家。

王锡阐少年博览群书，尤精历象之学。家庭虽贫寒，但没有影响他对学习的追求，立志从事天文学研究而耗尽毕生精力。

夜幕已经降临了，满天繁星闪烁。王锡阐照例爬上了屋顶，仰卧在屋脊上，拿起自制的望远镜，瞭望星河。王锡阐这样不分寒暑地观测已经坚持几十年了。

王锡阐是清代著名天文学家。他研究天文学注重实践、观测、试验和验算几个主要环节，决不盲从他人。每下一个新的结论，他都必须反复实践印证。一次，他在翻阅国外天文学典籍的时候发现，西方天文学认为，五星皆右旋。可这个结论恰恰与他的观测不相符。为了弄清这个问题，他在翻阅大量天文著作的同时，反复观测试验，最后证明：五大行星中，只有金星和水星右旋；木、土、火三星，实际上并不右旋，而是左旋。他特此撰写了《五星行度解》一书，以纠正国外天文学中"五行皆右"的错误说法。

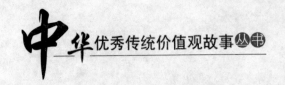

　　还有一次，他采用中西结合方法，观测日食，时间测定的非常准确。当时有些人表示怀疑，纷纷提出各自测量的时间和科学依据。等到日食发生的那一天，每个人都渴望自己的测定是正确的。可结果只有王锡阐的最为准确。他的成功，是他无数次反复试验、观测、验算的结果。平日里的爬屋顶，是他成功的基石。

　　一天，天气十分寒冷，他正患病中，深感不适。可观测的时间又到了，为了不让以前积累的观测资料丧失价值，他硬撑着爬上了屋顶，在凛冽的寒风中，完成了这一夜的观测任务。他的观测经验是："测愈久则数愈密，思愈精则理愈出。"正是本着这种一丝不苟的求证精神，他在博览群书的基础上，指出了郭守敬历法的某些失误，阐明了西方历法的长处和缺陷，为我国的历法去粗取精，去伪存真，做出了重要贡献。

　　◆王锡阐一丝不苟地求证，他提出精确计算日月食的方法以及所著天文著作，为中国近代天文学的发展作出了卓越的贡献，在世界天文学史上具有重要的地位。

79. 梅文鼎勤于书卷

梅文鼎，字定九，号勿庵，宣城（今属安徽）人。清初著名的天文、数学家，为清代"历算第一名家"和"开山之祖"。

梅文鼎是清代著名天文数学家，一生孜孜以求，著书立说，取得了卓越成就。康熙帝赐他"绩学参微"四个字，以表彰他几十年如一日刻苦治学，学有专长。

提起梅文鼎治学，有这样一件事：

梅文鼎刚刚步入中年时，他的妻子因病去世了。朋友们见他只会钻书堆，缺乏自理生活的能力，就劝他再娶个妻子，可梅文鼎却表示绝不再娶了。友人们对他这种态度很不理解。他解释说：有妻室，事情必定要比一个人多，与其为娶妻而将时间浪费在人事应酬上，不如索性不娶的好，这样就可以无牵无挂，全身心投入做学问了。

从此，梅文鼎一头钻入书堆中，终身没有再娶。在年复一年的学习钻研中，他的学识与日俱增。出于严谨求实的科学精神，他仔细考察了中外关于历法

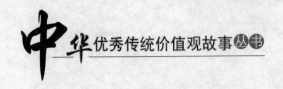

方面的典籍，订正了存在于《明史》中的五十多处谬误，还亲自撰写了《历学疑问》。康熙帝很赏识他的学识，高度评价了他的成就。

梅文鼎之所以取得这样的成就，是他平日勤于书卷的结果。他读书不满足于浏览，更注重对知识的消化理解，触类旁通。有一次，他读书的时候，无意中发现了一个过去始终没有解决的疑难症结。为了不使这难得的答案忘记，他急忙找来纸笔，秉烛而书。每当这种疑问顿释、豁然开朗之时，都给他带来无限的愉快和满足，也使他的书越读越细，思路也越来越广。

正是有了这种科学态度，梅文鼎才得以创造出《孤三角举要》这样的数学著作。

丰硕成果用辛勤的汗水浇灌，至今我们还可以想见他挑灯夜诵的身影。公元1721年，八十八岁的梅文鼎在他长年学习工作的书案旁与世长辞了。

◆梅文鼎虚怀积益、融会贯通、终生不辍的治学精神，令人敬佩。

80. 阎若璩寻根求证

阎若璩，字百诗，号潜丘，山西太原人，侨居江苏淮安府山阳县。清初著名学者，清代汉学（或考据学）发轫之初最重要的代表人物之一。

阎若璩从小就有口吃的毛病，而且性情愚钝，已经六岁了，还不能完整地背诵较长的文章，有时甚至读了上千遍，还是记不住。为此，他十分苦恼，心想："我真的这么不开窍吗?"于是，决心发愤苦读，以补偿自己的缺陷。经过刻苦努力，到了十五岁的时候，他终于学会了一些比较浅显的知识。为了弄通每一个知识点，他踏踏实实，从不懈怠。一个冬天的晚上，阎若璩又在挑灯夜读，可有个问题怎么也搞不懂，他对自己的"愚"真有些受不了了。恼怒之下，索性觉也不睡了，非弄明白不可。这时，四更已过，屋子越来越冷，越来越静，他陷入了深深的思考之中，忽然，心里一亮，问题一下子变得十分清楚了，他高兴极了。

从此以后，阎若璩变得越发勤奋起来，寒来暑往，他的学习热忱一直不减，读了许多书，懂得了许

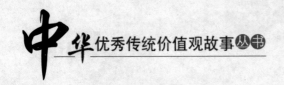

多道理。他曾把陶弘景先生的"读书万余卷，一事不知，以为深耻"之言，作为自己的座右铭。有一次，他在读《孟子》的时候，书中说，有人从滕国到邹国一天的时间就够了，便对此事产生疑问。为了解释这个疑点，他进行了调查研究，最后才明白，古代这两个国家是近邻，相距不过百里，所以一天时间来往于两国之间是完全可能的事。通过这件事，他感到，读书不仅应该知其一，而且要力求知其二，仅仅懂得历史背景远远不够，还要了解山川地理及一些其他方面的知识。基于这种认识，他开始了地理学研究，并写下了《四书释地》和《释地余论》两部地理专著。

阎若璩做学问勇于寻根求底。二十岁以后，他在博览的基础上开始了有目的的研究。在读《尚书》的过程中，发现其中有二十五篇是伪作，根本不是真正的古文，可是没有翔实的材料可以证实。为了找到证据，他不惜用了二十多年的时间，搜罗了大量有价值的材料，以说明那二十五篇根本不是古文，而是东晋一个叫梅赜的伪作。《古文尚书疏证》一书，就是他纠正《尚书》谬误的著作。这本书一时轰动了学术界，人们不禁惊叹他一丝不苟的治学精神。

阎若璩通过自己的考据工作，为祖国文化遗产的真正延传和文风的导向正轨，做出了卓越的贡献。

◆阎若璩毕生研究经学、古地理学，治学严谨，善于思考。他那种批判的精神，严谨的态度，详细的占有资料，缜密的考证，实事求是的学风，是我们的宝贵的文化遗产，永远值得我们继承和发扬。

81. 蒲松龄写《聊斋》

蒲松龄，字留仙，一字剑臣，号柳泉，世称聊斋先生，自称异史氏，著有《聊斋志异》等。

蒲松龄出生在清朝初年一个没落地主家庭，从祖父那代起，家道就每况愈下。蒲松龄成年后，生活更加艰难，跟兄弟分家时，他只分到几亩薄田和祖上留下来的三间农场老屋。家中四壁皆空，只好出去给人家当塾师，靠微薄的教书收入来糊口。他自幼就受到良好的启蒙教育，读了许多书，但却与科举无缘，屡试不中。为了抨击科举制度，排遣心中的郁闷，他一面教书，一面广泛搜集民间传说和故事，准备文学创作。

相传他为了搜集写作素材，常常出没在乡里之间，请一些上了年纪的老人给他讲民间流传的关于妖狐鬼怪的故事，然后记录下来，进行详细的修改和加

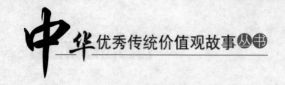

工。他曾在路旁放一张桌子，桌上摆着烟和茶，凡过往行人，只要能给他说个故事或传说，就可以吸烟喝茶歇歇脚。后来，许多朋友知道他如此苦心收集素材，也热诚相助，将自己道听途说的故事转告给他，供他选用。日积月累，材料越来越多，在这些材料的基础上，经过几十年的努力，一部说鬼论狐的志怪小说《聊斋志异》问世了。这部伟大的杰作从它一问世起就受到了人民的喜爱，现在已被译成多种文字在许多国家出版。

◆不学不成，不问不知。

82. 刘献廷好学成癖

刘献廷，字君贤，一字继庄，别号广阳子，清初地理学家。

清代学者刘献廷小的时候好学成癖，只要碰到书就通宵不眠地读，有时累得眼睛通红，第二天醒来眼泡都肿起来了。每到这时，做医生的父亲就严格地禁止他用功，不许他碰书。有时为了有效地限制他，不让他的卧室里有灯。他对这些约束，一面是无可奈何，一面是不甘心。起初还挺得住，渐渐地就有些受不了了，就在白天偷偷地把书藏起来，到了晚上，点上一炷香，借着香火昏暗的亮光悄悄地看书。终于有一天，他的一只眼睛，因长期过度使用失明了。自这扇"心灵之窗"关闭后，他更感到了读书求知的不易，也就越发全神贯注于学业。在以后的几十年里，他从未敢懈怠。举家南迁后，他阅读了大量图书。当时昆山有个叫徐乾学的人，他家藏书颇多，许多名人学者都曾到他家阅读。刘献廷得知后，不放过这个读书的好机会，常常去索借阅读。徐家的藏书使他获得很多知识和满足。

不仅如此，他还经常向生活导师学习。他先后游历了许多地方，结识了许多有学识的人。通过广泛地学习和交往，他在礼乐、律历、医药、书数、农桑、宗教、军器、法律、边塞等方面造诣颇深。这些成绩的取得，是他长期勤于书卷、刻苦研读的结果。有这样一件事，清朝初年，兵荒马乱，社会动荡不安，为了逃避战乱，他从城里搬到乡下，住进了一个小山村。这里相对平静多了，为了抓紧时间读书，他一安顿好就发愤读书。好像来这里不是逃难，而是专门来读书的。

◆刘献廷就是凭着这种忘我的读书热忱，"负绝世之学"，成为伟大的博学者。

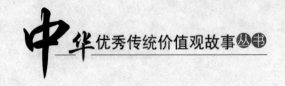

83. 李塨学而不厌

李塨，字刚主，号恕谷。清初哲学家。他是颜元学说最得力的继承者、传播者和发展者。在教育方面颇有成就。著有《四书传注》、《周易传注》等。

李塨是清代杰出的思想家、教育家和著名学者。说起他的求知，就如同海绵吸水一般，永不满足。

他二十一岁时，向当时著名的学者、教育家颜元学习《礼》，常常冒风沙步行几十里到博野县去向老师请教。

颜元对李塨的刻苦精神十分钦佩，但要求也十分严格。有一次，颜元见李塨的笔记本上画了许多白圈圈，就不满地对李塨说："你要严格要求自己，不要在笔记本上乱画圈圈，这种做法很不好，你是不是对自己有些放松啊？"李塨听了老师的教诲，感到十分惭愧。从此，他更严格地要求自己。经过一段时间的努力，他学完了《礼》，怀着十分感激的心情告别了老师。

不久，他又拜师刘见田，向他学习数学。李塨为

了向刘见田学习数学，可谓费尽了心机。事情是这样
的：李塨早就听说刘见田是这一带远近闻名的数学老
师，可苦于无法拜他为师。为了让他收下自己这个弟
子，李塨先在家里设馆教自己的弟弟和邻居的孩子读
书，刘见田也有个儿子，恰好没人教，就托人把他儿
子送到李塨这里读书。就这样，李塨有机会结识了刘
见田，并被他收为弟子。

李塨少年时代天赋并不很高，但却十分刻苦用
功，有一种锲而不舍的好学精神。无论什么知识、技
能，他都想试着学一学，做一做。为此，他曾向友人
张函白学过琴，向赵锡之、郭金城学过骑马射箭，向
王余佑学兵法，向彭通学书法，向毛奇龄学《乐》和
训诂及考证方面的知识。

不仅如此，他还在求学的同时，进行认真的自
学，读了很多经济、政法、军事、礼乐等方面的书
籍，为的是充实自己。对自然科学，他也颇有兴趣。
为了弄懂日、月食是怎么回事，他特地拜这方面的专
家姚苏门学习日、月交食知识，还向吴子涫学过三角
算法。就这样，他所涉猎的知识面越来越广泛，也越
来越深入。

已经年过花甲了，他还向数理学家梅文鼎虚心求
教。几十年间，李塨就是这样孜孜不倦地吸取各种知
识营养。他这种学而不厌的进取精神，感染、折服了
许多人，一批批学子，拜在他的门下，请求他的教诲

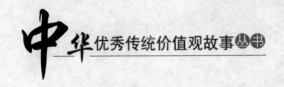

和指点。经他热心指点的学生近百人，而且大都学有所成。

◆李塨说："英雄败于摧折者少，败于消磨者多。"这正是他自身的写照。

84. 全祖望一生治学

全祖望，字绍衣，号谢山，学者尊称为谢山先生。鄞州（今浙江宁波）人。清代学者、文学家。

清朝中叶，蕺山书院正值鼎盛时期，听讲的人很多，以至于学舍都容纳不下了。此时讲学的人中有我国著名的文献学家全祖望。

全祖望学识渊博，一生特别喜欢读书。年轻的时候，曾游历藏书之处范氏天一阁、谢氏天赐阁、陈氏云在楼，凡遇稀有书籍，一定抄录下来。雍正七年选贡入都后，更是埋头不停地抄书。全祖望天资聪颖，四岁的时候，父亲就教他读书，并已能粗解章句。从八岁起，于诸经之外，开始兼读《资治通鉴》、《文献通考》，再加上青年时期的勤奋，在当时已经很有名气，本来可以大有作为，但他并不急于求取功名，而是在讲学之余，闭门专心著述。所以，他一生写了大量文章，尤其是对于乡邦文献的搜集和整理，用力颇深，贡献也最大。为了续补《宋元学案》和对文献进行搜集整理，他终生矢志不渝。

全祖望学而不倦，他考中秀才后，仍跟本城有名学者董次欧就读。董次欧博学多才，治学极严。学生们多怕他，更不敢向他提出质疑。全祖望虽然极尊敬老师，但在做学问上，不但敢问，还常常与老师争得面红耳赤，不弄通就决不罢休。先生对他那坦荡严肃的治学态度，大加赞赏，说："学问，学问，就该又学又问，互相琢磨，这才像治学态度。只要锲而不舍地学下去，将来定能成为杰出人才。"

据说全祖望晚年时，许多人推荐他出来做官，但他性情耿直，不愿屈从于当权者，为此得罪了很多人，最后以至于连讲学也不能继续下去，因此而断了生计，再加上贫病交加，吃饭也成了问题，越到这时，他越加致力于著述。但遗憾的是，尽管他尽了最大努力，直到临终，续补的《宋元学案》也未能最后定稿。他在贫病交加中带着终生的遗憾离开人世，但他一生的全部研究成果，却为后人继续完成这部书打下了坚实牢靠的基础。

◆功夫自难处去做，学问从苦中得来。

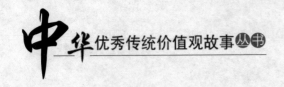
85. 戴震追根究底

戴震，字东原，一字慎修，号杲溪，清代著名语言文字学家、自然科学家、哲学家、思想家。梁启超称之为"前清学者第一人"，梁启超、胡适称之为中国近代"科学界的先驱者"。

戴震是我国清代著名的考据学家、思想家、数学家。

戴震小时候，到了十岁才会说话，但却十分聪明，而且勤奋好学。戴震会说话后，父亲就将他送入私塾启蒙。在私塾中他是最伶俐的一个，常常是过目成诵，每天都熟读长达几千字的文章。不仅能读，而且力求领会和理解，每有疑难，一定要打破砂锅问到底。

一天，老师讲经书。讲完一章后就照本宣科地说："这一章叫《经》，是孔子的话，是由曾子记述的。以下的十章叫《传》，是曾子的见解，由曾子的弟子写出来的。"戴震觉得老师的话他不理解，就问道："老师，这些您怎么知道的呢？"老师理直气壮地答道："这是朱熹说的呀！"老师原以为这样回答问题就解决了。可没想到戴震又问道："朱熹是什么时候的人呢?""是南宋时的人。"

"那孔子和曾子又是什么时候的人呢?"

"当然是周朝人了。"

"周朝和宋朝之间隔了多少年呢?"

老师答道:"大约有两千多年了。"

"这两个朝代相距那么远,朱熹是根据什么得出结论的呢?"

老师被这种十岁刚初头的孩子问得无言以对,但他很佩服戴震这个打破砂锅问到底的学习精神。

戴震在青少年时期不仅读书很多,而且始终保持这种追根问底、无证不信的治学态度。即便是一个字,也要弄个清楚明白。开始,老师对戴震的疑问,总是带着肯定和欣赏的情绪解答。后来,老师见他没完没了地发问,于是将《说文解字》和其他字典介绍给他,让他自己去找答案。这一下子,戴震可找到百问不厌的老师了,工具书帮他解决了很多问题。

为了将书中的内容全部弄懂,戴震几乎整天泡在书堆里,渐渐地他发现书是个宝贝,里边有许多有用而又有趣的东西。几年过去了,戴震掌握了许多新知识,就开始进行比较研究,找最科学、最合理的解答,并且边阅读,边考证,边琢磨。后来他曾十分感谢地对段玉裁说:"一部书的思想内容,是通过语言表达出来的,而语言又是由文字组成的。所以读一部书,必须先扫除其中的文字障碍,才能掌握它的语言

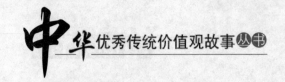

形式，掌握了语言形式，才能了解它的思想内容。宋代的理学家轻视语言文字之学，而要探索什么'微言大义'，岂不是和抛弃了船只却想渡过长江大河，丢掉梯子却想登上百尺高楼一样吗？"

戴震正是本着读书务实的原则，陆续写出了《原善》《孟子字义疏证》《勾股割圆记》《尔雅文字考》等著作，在探求的道路上取得了辉煌成就。

◆戴震勤于思考，善于发问，敢于质疑，我们应学习戴震勤于思考问题的精神。

86. 焦循倾囊买书

焦循，字里堂，江苏甘泉人（江苏扬州黄珏人），清代著名学者。

焦循是清代著名学者，他一生没有做过官，教书是他的终生选择。他自幼生长在书香门第，很小就在父亲的教导下启蒙读书。后来双亲相继去世，家境每况愈下，加之连年天灾，生活日益艰难，不得不借债度日。生活的清苦，并没有改变焦循自幼养成的读书习惯。

　　为读书，焦循干了许多"傻事"。他家里原来有几十亩养家糊口的土地，村里的一个财主看中了，想买下来。这时焦循正手无分文无钱买书，听说有人买地就一口答应了，几十亩地就这样卖掉了。手里有了钱，他就想买书读。正巧，有个书贩子知道他有钱想买书，就借机将自己的几本好书拿来，想向他讨个好价钱。焦循爱书如命，一见《通志堂经解》就爱不释手。书贩子见此情形想敲他一笔，于是要价三十两银子。焦循将卖田的钱一数，只是书价的一半，可他又实在不愿意舍弃这本书，就找来妻子商量，妻子将首饰摘下帮他凑一凑，可是两个加起来也才只有二十七两银子。这下可难坏焦循了，他只好硬着头皮和书贩讨价还价了，最后，他终于用这二十七两银子买了这套书。虽然这套书花去了几十亩良田和一些首饰，可他还是感到十分快慰，因为这是他十几年来渴望读的书。

　　焦循爱书，是因为书给了他无限的乐趣和满足。为读书求知，他利用一切零星时间，吃饭时总是嘴里嚼着饭，眼睛看着书，甚至走路上厕所也在思考问题。为了弄清《毛诗》中关于花鸟虫鱼等名称的来历，他花了近二十年时间，反复考察研究，写出了一部专著。在撰写期间，先后六次修改手稿，直至满意为止。为了在学习中不断提高，他养成了记读书笔记和心得的好习惯，这不仅使他的学问越作越深，而且可以督促检查自己的学习进度，更加严格要求自己。

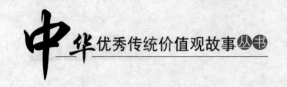

一次，焦循身患重病，身体十分虚弱，本该安心养病，可他不肯让时间白白浪费，就在病中校对即将付印的手稿。由于生病，精力不能完全集中，文稿在付印中发现许多疏漏和错误。为此，有人批评他，他十分虚心地接受了批评意见，并以此警戒自己。正如他自己所说："学贵善用思，吾生平最得力于'好学深思，心知其意'八字，学有辍时，思无辍时也。"

他一生留下了大量著作，如《雕菰楼易学三种》《诗地理考》《孟子正义》《论语通释》《剧说》《释弧》《释轮》《加减乘除释》等。

◆焦循在学习过程中，既善于思考，刻苦钻研，又能做到谦虚谨慎，择善而从，努力发展、创新。

87. 王贞仪科学有建树

王贞仪，字德卿，江宁人，是清代女数学家，著有《西洋筹算增删》一卷、《重订策算证讹》一卷、《象数窥余》四卷、《术算简存》五卷、《筹算易知》一卷。

王贞仪是清代女科学家，成长于书香门第，自幼博览群书，兴趣广泛。她曾发誓"足行万里书万卷，尝拟雄心胜丈夫"。只因生不逢时，壮志难酬。但她还是决心做一番事业，与自视清高的伟丈夫们比个高低。

王贞仪的祖父较开明，不因为她是女子而放弃教育，九岁起就让人教她写诗作文。王贞仪聪颖好学，读书既专且博。同时，她生活在政治上屡遭挫折而中落的家庭，对世俗人情十分敏感，成熟较早，对社会现实有独特的思考和认识。

她小的时候，就特别喜爱天文历算学，由于勤奋刻苦，很快就掌握了许多这方面的学问，兴趣也越发浓郁。长期以来，她就十分关注月食这一自然现象，想通过自己的科学研究，在理论上正确阐述它。为了这个课题，她进行了多次反复试验。当时科研条件十分简陋，她因陋就简，每到望日的晚上，她就在凉亭的正中放一圆桌当地球，在亭中的梁上用绳垂系一盏水晶灯当太阳，在桌旁放个大圆镜当月亮．让三件物体多次挪动、转移、变换三者之间的方位和距离。自己坐在一旁仔细观察思考，通过多次反复试验，终于对月食有了正确的认识。写出了著名的《月食解》。

王贞仪对科学的热爱，不仅表现在天文历算等方面，她还对气象学颇有研究。每当夜阑人静，她独自一个人便仰天观象，考察云霞的流动变幻，观测水分的干湿潮润，对天气的变化做预测，几次重要的预测，都准确无误。由此可见她在气象方面的修养也已

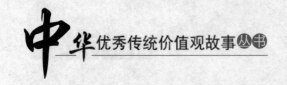

达到了相当的程度。所有这些都是她勇于探索和实践的结果。

王贞仪在数学方面特别是对勾股三角问题进行了详细的阐释，在《勾股三角解》中反复解释了勾股弦的缘起和三者的关系及计算方法。她承受家学，懂医理，且能切脉治方。她痛斥庸医误人，提出了察脉、视人、因时、论方、相地的医道五诀，并提出了"升者降焉，陷者升焉，虚热者凉补焉，大热者寒化焉，风者散焉，燥者润焉，蓄者破焉，滑者涩焉"等辩证疗法。王贞仪还精于绘画，曾为人作白桃花图。

王贞仪性格直爽，从不掩饰自己的观点而取悦于人。女友许燕珍夫人将自己的诗作寄给她，且自鸣得意。王贞仪读后毫不客气地批评其诗"调高而意率，才大而体浮，律整而气虚，功有余而力不足"。女友白夫人为别人的诗文集向她求序，王贞仪断然拒绝。女友方觉如夫人信佛，打算刊印一部装帧精美的《心经》，请她作序，她不仅坦率拒绝，并痛责方夫人肯花七八千两银子去修庙布施，却不肯救济灾民和穷苦亲友的伪善行为。

为治学她充分利用一切时间。随父亲游历大江南北时，她每到一处，都细心观察，从不走马观花。她认为人生有学不尽的知识，要珍惜一分一秒的时间。她还对"男尊女卑"的封建观念愤愤不千，认为女子并不亚于男子。事实证明，王贞仪在天文和气象学方面的贡献和学识，是许多须眉所不可企及的。

◆王贞仪堪称是中华民族科学发展史上女科学家的代表人物，她博览群书，锲而不舍，她的精神影响了很多人。

88. 汤球治学

汤球，字伯玕，笏卿，黟县人。清代著名学者。

汤球自幼勤奋好学，兴趣广泛，善于思考问题。成年后，治学态度十分严谨，人们都说他"好学深思，心知其意"。据说他对前人的观点进行探讨，一定要依据经典，考核真伪，比较异同，然后才提出自己的看法。

他是清代著名史学家，对史学的最大贡献是把散佚的二十三家晋史辑录成册。汤球在辑佚和校勘二十三家晋史时，为了使历史能接近本来面目，给后人留下一本接近史实的史书，闭门不出，夜以继日，埋头书案。先是搜集各种资料，博览群书，然后分门别类，进行排比对照，再对搜集到的资料进行"补阙"与"纠

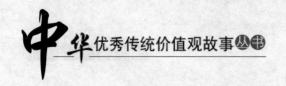

伪"。大量的书稿，都由他亲自一笔一画，逐字逐句进行校订和抄写，稍有拿不准的地方，就反复查阅资料，直到认为接近史实为止。几经寒暑，终于完成了二十三家晋史的辑佚和校勘工作。虽然不能完全还其本来面目，但经过他的努力，使这些史书得以大致保存下来，实在是一大功劳。

除了对二十三家晋史进行辑佚和校勘外，他还编写了《十六国春秋辑补》，这本书，是根据何镗《汉魏丛书》的简本《十六国春秋》，并参考《晋书》张轨、李暠两传，以及《三十载记》等书，全文补足，对其中有与诸书所引不同者，再进行更正。而且对辑录来的文字多注明出处，校勘工作做得十分细致，从不妄改一字，凡有差异的地方，全都一一核实注明。

◆汤球这种严谨的治学态度，踏踏实实地治学精神，值得我们学习。

89. 江蕙天文露头角

江蕙生活在清朝末年，四川人。自幼受父亲影响，对天文学兴趣浓厚。刚十岁就开始跟父亲学习观

天象。每到参横斗转时，她就跟父亲到庭院里，认识天上的星座。这个叫什么名字，那个叫什么名字，一问就没完没了。父亲总是耐心地教导她、启发她，渐渐地她已经能背诵《步天歌》了，而且在夜里望着天空便能找出许多著名的星系和星座，还能够"按节应候"。

随着学习和观察的深入，她发现古代的星图和实地天象有许多不符，为了纠正这些错误，她学着自己绘制星图。当她把绘制好的星图拿给父亲看时，父亲非常高兴。认为她的星图不仅准确，而且有出版价值。可江蕙却觉得自己还只是个见识有限的闺阁少女，根本不像父亲说的那样，所以没敢拿出来出版，而是锁在箱笼中了。

她十六岁那年，偶然购买了一本名为《中星图考》的天文著作，打算仔细阅读，可刚大略翻了翻，便发现此书既无序例，也无著者，而且还有某些错误。她想，这一定是某位民间天文爱好者的创作。于是，决定修改这部书。首先，她将书中与天象实际不相符的地方纠正过来。然后，为此书作了跋，改名为《中星图》，所有这一切都是在一年内完成的。这时，她才只有十七岁，少女的羞怯，使她再次将这部修改过的书收藏起来，未敢示人。

随着天文知识的增加，她对已往的《步天歌》产生了补注的兴趣。经过长期的观察，她掌握了地球公

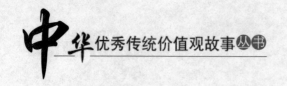

转的规律性，把每个节气，什么星座，什么时候到上中天编成歌词，并绘出图形。这个新《步天歌》对初学天文学的人非常方便，至今仍可以使用。

◆ 江蕙这个闺阁少女，能冲破"女子无才便是德"的封建束缚，成为具有天文修养的知识女性，是她热爱天文学、并刻苦自学的结果。

90. 沈寿发扬苏绣艺术

沈寿，初名雪芝，号雪宦，江苏苏州人。清代刺绣艺术家及刺绣教育家。

沈寿是清代刺绣艺术大师。她开创的刺绣技法，为我国现代刺绣艺术，特别是"苏绣"的发展奠定了基础。

她小时候，常去外祖母家玩，每次去，都被那里家家户户的刺绣所吸引，一看就是大半天，有时竟忘了吃饭。外祖母见小外孙女这样喜欢刺绣，就给她置了一幅绣具让她学绣。沈寿聪明虚心，所以十几岁便显露出艺术才华。学习之初，她只是学着绣花花草草，渐渐地就感到不满足了。一次，从外婆家回来，就悄悄地把父亲珍藏的古画拿出来，照着上面的图画绣了起来，她觉得这样比绣花草有趣多了。后来，就将沈周、唐伯虎的画作为自己刺绣的蓝本。由于兴致好，再加上绣工精细、认真，她绣的"秋雨月上图"，简直让父亲难以置信。经过几年的学习实践，沈寿的刺绣水平逐渐提高。

为了使苏绣水平更上一层楼，沈寿在丈夫的支持下，潜心研究历代刺绣技法，总结整理出十种新的苏绣针法，使苏绣在继承的基础上又有新的提高和创新。就在沈寿的刺绣技法享誉姑苏城内外时，西洋的摄影和绘画，再次启发了她的创作灵感，沈寿敏锐地感到这是使刺绣艺术如虎添翼的关键一环。在她的亲自尝试下，一幅借鉴西洋艺术明暗处理手法的苏绣艺术品问世了。成功的喜悦，激发了大胆实践、勇于创新的积极性和创造性，她决心创造一种专供欣赏绣品用的仿真绣法。为了这一突破，她天天在大厅里反复琢磨实践。试了一次又一次，每下一针都绞尽脑汁，一丝不苟。在她的不懈努力下，这种吸收明暗原理，注重人物逼真，表现物象立体感的仿真绣，终于成功了，沈寿正是凭着这种知难而进的探索精神，才攻克了一个又一个难关。

学习刺绣翎毛走兽是个难点。沈寿和她的弟子去北京万牲园进行实地考察，把鸟兽身上各部分的色彩

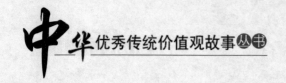

记下来，作为刺绣教材。

　　沈寿还努力克服过去绣法中的弱点，细心揣摩适合人物特点的新方法。一次，她和弟子发现在美人的红唇边，用深色的线加绣两针极细的短针，能使美人笑起来。这一创造，开拓了绣像领域，改变了以往绣像呆板的毛病。

　　沈寿通过自己的实践，为苏绣事业做出了卓越的贡献，不愧为苏绣第一名手。

　　◆这位苏绣大师，以其超人的智慧，灵巧的绣手终于把传统的苏绣工艺提高到了更为绚丽神奇的艺术境界。